Schnell. Konkret. Zuverlässig.

Pflegefall – was tun?

In 10 Schritten zur guten Pflege

1. Auflage, Oktober 2012, 8.000 Exemplare

ISBN 978-3-86336-402-1
Printed in Germany

Vorwort

Ein Mensch kann von heute auf morgen pflegebedürftig werden. Ein schwerer Sturz, ein Schlaganfall und plötzlich ist alles anders – für den, den es trifft, weil nun fortan Hilfe unverzichtbar ist. Und für Sie als Angehörige, die vor der Frage stehen: Wie soll es weitergehen?
Sie müssen in kurzer Zeit viele Entscheidungen treffen, um die weitere Pflege zu organisieren. Dabei werden Sie zwangsläufig mit Begriffen wie Pflegegutachten, Pflegesachleistungen, Grund- oder Behandlungspflege konfrontiert. Lassen Sie sich nicht abschrecken. Vieles klingt komplizierter als es ist.
Wichtig ist, dass Ihr Angehöriger rasch einen Antrag bei der Pflegeversicherung auf Pflegeleistungen stellt (siehe Seite 6 ff.). Denn viele Ansprüche bestehen erst dann, wenn eine Pflegestufe anerkannt wurde.
Falls Sie berufstätig sind, können Sie sich zehn Tage von der Arbeit freistellen lassen (siehe Seite 12 ff.). Das verschafft Ihnen Zeit, die weitere Pflege zu organisieren.

Sie müssen nicht alles auf einmal erledigen. Gehen Sie Schritt für Schritt vor – dieses Buch hilft Ihnen dabei. In den folgenden zehn Kapiteln erfahren Sie unter anderem, wie die erste Versorgung Ihres Angehörigen aussehen kann (siehe Seite 38 ff.), welche Themen Sie in der Familie besprechen sollten (siehe Seite 48 ff.) und welche Leistungen dem Pflegebedürftigen zustehen (siehe Seite 54 ff. und 76 ff). Wahrscheinlich werden Sie noch weitere Fragen haben. Es gibt zahlreiche Ansprechpartner und Beratungsstellen, die Ihnen in Ihrer individuellen Situation weiterhelfen, allen voran die Pflegestützpunkte (siehe Seite 30 ff.). Sie haben einen gesetzlichen Anspruch auf Hilfe. Scheuen Sie sich nicht, davon Gebrauch zu machen.
Sie können dieses Buch von vorne nach hinten lesen oder sich die Kapitel herauspicken, die im Moment für Sie wichtig sind. Fangen Sie einfach an. Sie werden sehen, dass der große Berg, der jetzt vor ihnen liegt, in ein paar Wochen schon deutlich kleiner geworden ist.

Inhalt

In 10 Schritten zur guten Pflege

Wie stellt man den Antrag bei der Pflegekasse?

Wichtig!

- Ein formloses Schreiben genügt als Erstantrag
- Der Pflegebedürftige muss selbst unterzeichnen
- Die Leistungsart lässt sich später noch ändern

Wird jemand aus dem Angehörigenkreis pflegebedürftig, stellen sich plötzlich viele Fragen: Wie lässt sich die weitere Versorgung organisieren? Welche finanzielle Unterstützung gibt es? Worauf ist bei der Pflege zu achten? Mit diesen Them en können Sie sich etwas später beschäftigen. Wichtig ist, dass Ihr Angehöriger als erstes bei der Pflegekasse einen Antrag auf Pflegeleistungen stellt. Denn die Pflegeversicherung zahlt erst ab dem Tag, an dem der Antrag bei ihr eingeht. Wer damit lange wartet, verschenkt Geld.

Tipp

Kann oder möchte sich ein Pflegebedürftiger nicht selbst um seine Anliegen mit der Pflegeversicherung kümmern, hat er die Möglichkeit, eine Vertrauensperson zu bevollmächtigen. In der Vollmacht müssen der Name des Vollmachtgebers und des Bevollmächtigten, etwa des Ehepartners, stehen. Der Vollmachtgeber muss außerdem erklären, in welchen Angelegenheiten ihn der Bevollmächtigte vertreten darf. Das können zum Beispiel alle Schriftwechsel mit der Pflegeversicherung sein. Der Vollmachtgeber muss eigenhändig unterschreiben. Manche Krankenkassen bieten Vordrucke für Vollmachten an.

Als **Antrag** reicht zunächst ein formloses Schreiben an die Pflegekasse. Sie ist bei den meisten Versicherten an deren Krankenkasse angeschlossen. Den Antrag stellt immer die pflegebedürftige Person selbst. Es ist aber auch möglich, als Angehöriger bei der Pflegekasse anzurufen und den Antrag mündlich zu stellen. Notieren Sie sich unbedingt das **Datum** des Anrufs. So können Sie später überprüfen, ob die Pflegeversicherung tatsächlich vom Antragstag an zahlt. Die Pflegekassen schicken anschließend ein eigenes Antragsformular an den Pflegebedürftigen. Viele Kassen bieten das Formular auch im Internet zum Herunterladen an. Sie dürfen als Angehöriger den Antrag für den Pflegebedürftigen ausfüllen. Er muss als Versicherter aber selbst unterschreiben. Ist

Musterschreiben

Hiermit beantrage ich
(VORNAME, NAME),
geboren am (GEBURTSDATUM),
wohnhaft (STRASSE, HAUSNUMMER,
POSTLEITZAHL, WOHNORT)
Leistungen aus der sozialen Pflegeversicherung.

Mit freundlichen Grüßen –
UNTERSCHRIFT DES
PFLEGEBEDÜRFTIGEN

er dazu nicht in der Lage, muss ein Bevollmächtigter (siehe Seite 92) für ihn unterzeichnen. Die Pflegekasse fragt in dem Formular Basisdaten wie Adresse sowie Krankenversicherungsnummer ab. So kann sie überprüfen, ob der Versicherte Anspruch auf Leistungen der Pflegeversicherung hat. Voraussetzung dafür ist, dass er in den vergangenen zehn Jahren mindestens zwei Jahre lang in die soziale Pflegeversicherung eingezahlt hat. Außerdem muss die Person pflegebedürftig sein. Auf den meisten Anträgen wird nach den Ursachen für die Pflegebedürftigkeit gefragt. Das hilft, den zuständigen Leistungsträger

Gut zu wissen

Pflegebedürftigkeit liegt nach dem Gesetz dann vor, wenn ein Mensch wegen Krankheiten oder Behinderungen bei alltäglichen Dingen im Leben in erheblichem oder höherem Maße Hilfe braucht. Es ist gesetzlich vorgeschrieben, dass nur der Hilfebedarf bei der Grundpflege, beim Bewegen – vor allem in der Wohnung –, beim Essen und Trinken sowie bei hauswirtschaftlichen Tätigkeiten zählt. Der Hilfebedarf muss voraussichtlich für mindestens sechs Monate vorliegen. Wer nur vorübergehend Unterstützung braucht, bekommt keine Leistungen aus der sozialen Pflegeversicherung.

zu ermitteln. Ist die Pflegebedürftigkeit zum Beispiel Folge eines Unfalls, muss zunächst die Unfallkasse zahlen.

Versicherte werden auf den Formularen gefragt, ob sie Geldleistungen, Sachleistungen, Kombinationsleistungen oder Zusätzliche Betreuungsleistungen beantragen. In der Regel wollen die Kassen auch wissen, ob eine Tages- oder Nachtpflege gewünscht wird oder der Versicherte in ein Pflegeheim einzieht. Das sind Fragen, die zu diesem Zeitpunkt häufig noch offen sind. Füllen Sie die Felder einfach so aus, wie es der aktuellen Planung entspricht. Der Versicherte kann seine Entscheidungen später ändern und eine **andere Leistungsart** wählen. Dafür genügt ein erneuter Antrag bei der Pflegekasse. Hat er beispielsweise zunächst Pflegegeld beantragt, entscheidet sich dann aber doch für einen ambulanten Pflegedienst, kann er später auf Pflegesachleistungen umstellen (siehe Seite 58 ff.).

Ist der Antrag eingegangen, prüft die Pflegekasse, ob die Versicherungszeiten erfüllt sind. Dann beauftragt sie den Medizinischen Dienst der Krankenkasse (MDK) mit einer Begutachtung (siehe Seite 66 ff.). Bei Privatversicherten erfolgt die Begutachtung durch Ärzte des Unternehmens Medicproof. Die Gutachter sollen feststellen, ob der Versicherte pflegebedürftig ist und eine sogenannte Pflegestufe bestimmen. Unterschieden wird zwischen den Pflegestufen I bis III, wobei I für „erhebliche Pflegebedürftigkeit“ steht, II für „Schwerpflegebedürftigkeit“, und III für „Schwerstpflegebedürftigkeit“. Außerdem klären sie, ob ein **erheblicher allgemeiner Betreuungsbedarf** besteht. Das ist häufig der Fall, wenn Menschen an Demenz leiden und ständig beaufsichtigt werden

Tipp

Wer angibt, dass er Pflegesachleistungen beziehen möchte, sich dann aber doch für das Pflegegeld entscheidet, sollte das der Pflegekasse möglichst schnell melden. Sonst kann es passieren, dass sie auf die Rechnung eines ambulanten Pflegedienstes wartet und erst einmal kein Geld auf das Konto des Versicherten überweist.

müssen (siehe Seite 61 ff.). Der Gutachter kündigt sein Kommen mindestens eine Woche vorher an. Nutzen Sie diese Zeit und führen Sie ein Pflegetagebuch. Darin sollten Sie festhalten, bei welchen Tätigkeiten der Pflegebedürftige Hilfe braucht und wie viel Zeit Sie dafür täglich benötigen. So bekommen Sie selbst einen Überblick. Außerdem hilft das Pflegetagebuch (siehe Seite 68) dem Gutachter, den tatsächlichen Pflegebedarf einzuschätzen. Denn er sieht bei seinem Hausbesuch nur eine Momentaufnahme. Der MDK beziehungsweise Medicproof leitet das Gutachten an die Pflegekasse weiter. Diese entscheidet, ob eine Pflegebedürftigkeit vorliegt, und bestimmt die Pflegestufe. Der **Bescheid der Pflegekasse** soll im Normalfall fünf Wochen nach Antragstellung beim Pflegebedürftigen eingehen. Es gilt das Datum des formlosen Antrags. Haken Sie nach, falls Sie bei Fristende immer noch nichts von der Pflegekasse gehört haben.

Möchten Sie als Angehöriger Pflegezeit oder Familienpflegezeit in Anspruch nehmen, sollten Sie das der Pflegekasse bereits auf dem Antragsformular mitteilen (siehe Seite 16 ff.). Dann muss der MDK innerhalb von zwei Wochen nach Antragstellung einen Gutachter schicken. Der Bescheid der Pflegekasse kommt in der Regel wenige Tage später. Sie brauchen ihn für den Antrag auf Pflegezeit beim Arbeitgeber.

Befindet sich der Pflegebedürftige **im Krankenhaus, in einem Hospiz oder in einer Rehabilitationseinrichtung,** muss die Begutachtung durch den MDK innerhalb einer Woche erfolgen, wenn nur so die weitere ambulante und stationäre Versorgung sichergestellt werden kann. Auch dann sollte der Bescheid der Pflegekasse kurze Zeit später vorliegen.

Erkennt die Pflegekasse eine Pflegestufe an, stehen dem Pflegebedürftigen unterschiedliche Leistungen zu (siehe Seite 58 ff.). Sie erleichtern es Ihnen immens, die weitere Pflege zu organisieren.

Gut zu wissen

Privatversicherte werden nur ausnahmsweise im Krankenhaus oder in einer stationären Rehabilitationseinrichtung durch die Ärzte von Medicproof begutachtet. Üblich ist die sogenannte Vorab-Einstufung. Dabei wird der Pflegebedarf anhand der medizinischen Unterlagen geprüft und eine vorläufige Pflegestufe festgelegt. Die eigentliche Begutachtung erfolgt erst, wenn der Versicherte wieder zu Hause ist. Wurde die Pflegestufe zu niedrig angesetzt, bekommt der Versicherte rückwirkend den höheren Betrag gezahlt. Wurde er bei der Vorabprüfung zu hoch eingestuft, muss er aber nichts zurückzahlen.

8

Wie schaffe ich kurzfristig Freiräume?

Wichtig!

- Im akuten Pflegefall gibt es zehn Tage frei
- Die Arbeitsverhinderung muss nicht vorher beantragt werden
- Der Arbeitgeber kann ein ärztliches Attest verlangen

Die Kurzzeitige Arbeitsverhinderung ist eine Art Verschnaufpause. Sie erlaubt es Arbeitnehmern, zehn Tage vom Job fernzubleiben, wenn ein naher Angehöriger akut pflegebedürftig wird. Gemeint ist damit zum Beispiel, dass Vater, Mutter oder der Partner aus dem Krankenhaus kommt, sich aber nicht mehr selbst versorgen kann. Die Freistellung soll helfen, eine solche Notsituation aufzufangen und die Pflege zu organisieren.

Die **Kurzzeitige Arbeitsverhinderung** kann von allen Beschäftigten in Anspruch genommen werden, unabhängig von der Größe des Unternehmens und der Dauer der Betriebszugehörigkeit. Möchten Sie die Freistellung nutzen, sollten Sie ihren Arbeitgeber unverzüglich darüber informieren. Ein Anruf genügt. In dem Gespräch müssen Sie nur sagen, dass ein naher Angehöriger in einer akuten Pflegesituation Hilfe braucht und Sie deswegen nicht zur Arbeit kommen werden. Auf der sicheren Seite sind Sie, wenn Sie dem Arbeitgeber diese Mitteilung auch schriftlich schicken – per Brief oder Fax zum Beispiel. So können Sie im Streitfall nachweisen, dass Sie ihn rechtzeitig informiert haben. In der Mitteilung muss nicht stehen, um welchen Angehörigen es sich handelt. Der Arbeitgeber hat aber ein Recht zu erfahren, wie lange Sie voraussichtlich nicht zur Arbeit kommen werden. Wer sich zunächst nur für fünf Tage freistellen lässt, kann die Auszeit bei Bedarf verlängern. Auch hier muss der Arbeitgeber rechtzeitig darüber informiert werden. Die zehn Tage müssen nicht am Stück genommen werden. Denkbar ist zum Beispiel, dass Sie

Gut zu wissen

Sie können die Kurzzeitige Arbeitsverhinderung pro Pflegebedürftigem in der Regel nur einmal in Anspruch nehmen. Wird aber beispielsweise nach dem Vater auch die Mutter pflegebedürftig, haben Sie erneut die Möglichkeit, sich für zehn Tage freistellen zu lassen.

Gut zu wissen

Die Kurzzeitige Arbeitsverhinderung, die sechsmonatige Pflegezeit und die Familienpflegezeit können nahe Angehörige nutzen. Dazu zählen Ehe- und Lebenspartner, Partner in einer eheähnlichen Gemeinschaft, Eltern, Geschwister, (Adoptiv-)Kinder, aber auch Schwieger- und Großeltern, Pflege- und Enkelkinder.

sich erst für sechs Tage freistellen lassen und nach ein paar Wochen noch einmal für vier Tage.

8

Der Arbeitgeber kann eine **Bescheinigung** über die voraussichtliche Pflegebedürftigkeit des Angehörigen verlangen. Außerdem müssen Sie ihm auf Wunsch nachweisen, dass die Arbeitsbefreiung notwendig ist. Bitten Sie den behandeln-

Gut zu wissen

Die Kurzzeitige Arbeitsfreistellung und die Pflegezeit sind die einzigen rechtlichen Ansprüche auf Freistellung, die Arbeitnehmer in einer Pflegesituation haben. Sie können zum Beispiel nicht darauf bestehen, vorrangig Urlaub zu nehmen. Lassen Sie sich davon nicht abschrecken. Sprechen Sie mit Ihrem Chef, meistens findet sich eine Lösung. In vielen größeren Unternehmen gibt es Initiativen zur Vereinbarkeit von Beruf und Familie. Die Firmen bieten Arbeitszeitkonten oder flexible Arbeitszeiten an. Erkundigen Sie sich beim Betriebsrat nach entsprechenden Regelungen. In kleinen Firmen lassen sich häufig individuelle Vereinbarungen treffen. Falls Sie in einem tarifgebundenen Unternehmen arbeiten, lohnt ein Blick in den Tarifvertrag. In manchen Branchen gibt es bereits Regelungen zur Vereinbarkeit von Pflege und Arbeit.

den Arzt, ein entsprechendes Attest auszustellen.
Das Gesetz schreibt nicht vor, ob der Arbeitgeber während der Freistellung Lohn oder Gehalt zahlen muss. Eine solche Verpflichtung kann sich aus anderen Gesetzen oder aufgrund einer Vereinbarung ergeben. Ein Anspruch auf Entgeltfortzahlung besteht beispielsweise dann, wenn der Arbeitgeber durch einen Tarifvertrag oder eine Betriebsvereinbarung dazu verpflichtet ist. Erkundigen Sie sich beim Betriebsrat, welche Regelung in Ihrem Unternehmen gilt. Außerdem kann es sinnvoll sein, sich arbeitsrechtlichen Rat zu holen.
Während der Kurzzeitigen Arbeitsfreistellung besteht Kündigungsschutz. Er gilt ab dem Moment, in dem die Arbeitsverhinderung mitgeteilt wird.

… und wenn ich mehr Zeit brauche?

Wichtig!

- Beschäftigte können sich sechs Monate freistellen lassen
- Ohne Pflegestufe gibt es keine Pflegezeit
- Gehalt wird nicht gezahlt, Sozialversicherungsschutz bleibt

Zwei Drittel aller Pflegebedürftigen werden zu Hause versorgt. Eine solche Pflege ist zeitaufwendig. Berufstätige können sechs Monate lang aus dem Job aussteigen, um einen Angehörigen zu Hause zu pflegen und die weitere Versorgung zu organisieren. Der Haken: Auf ihr Gehalt müssen sie verzichten.

Pflegebedürftige benötigen häufig über Jahre hinweg Unterstützung. **Sechs Monate aus dem Job auszusteigen** kann sinnvoll sein, um die häusliche Pflege zu planen. In dieser Zeit lässt sich in Ruhe ein ambulanter Pflegedienst suchen. Andere Familienmitglieder können in die Pflege eingebunden werden, damit die Versorgung auch dann funktioniert, wenn Sie wieder arbeiten gehen. Die Pflegezeit kann auch sinnvoll sein, wenn ein Angehöriger schwer erkrankt ist und voraussichtlich nicht mehr lange leben wird. Sie haben dann die Möglichkeit, sich ganz intensiv um ihn zu kümmern.

Auf diese **Pflegezeit** gibt es einen Rechtsanspruch. Wer in einem Unternehmen mit mehr als 15 Beschäftigten arbeitet, kann sie gegenüber dem Arbeitgeber einfordern. Voraussetzung ist, dass der Arbeitnehmer einen nahen Angehörigen zu Hause versorgt, der mindestens Pflegestufe I hat. Die Pflegestufe muss durch eine Bescheinigung des Medizinischen Dienstes der Krankenkassen (MDK) oder der Pflegekasse nachgewiesen werden. Falls Sie die Pflegezeit nutzen möchten, sollten Sie sich daher frühzeitig um die Einstufung kümmern. Am besten teilt Ihr Angehöriger der Pflegekasse schon beim Antrag auf Pflegeleistungen mit, dass Sie Pflegezeit nehmen möchten. Damit hat er Anspruch auf eine schnellere Begutachtung (siehe Seite 66 ff.). Im Normalfall schickt die Pflegekasse kurz nach der Begutachtung den Bescheid über die Pflegestufe. Dauert es länger, können Sie Ihrem Arbeitgeber den Bescheid nachreichen. Sie sollten aber sicher sein, dass Ihr Angehöriger tatsächlich eine Pflegestufe bekommt, sonst sind Sie in Pflegezeit, obwohl Sie keinen Anspruch darauf haben.

Tipp

Während der Pflegezeit ist auch eine teilweise Freistellung möglich. Falls Sie Teilzeit arbeiten möchten, müssen Sie mit Ihrem Arbeitgeber die Stundenzahl und die Verteilung der Arbeitszeit vereinbaren. Er kann eine Teilzeitarbeit nur aus dringenden betrieblichen Gründen ablehnen, etwa, wenn die anstehende Arbeit nicht in Teilzeit erledigt werden kann. Sperrt sich der Arbeitgeber aus anderen Gründen, bleibt Ihnen nur der Gang vor das Arbeitsgericht.

Als Beschäftigter sind Sie verpflichtet, Ihrem Arbeitgeber die Pflegezeit spätestens zehn Tage vor Beginn **schriftlich anzukündigen.** In dem Schreiben müssen das Verwandtschaftsverhältnis zum Pflegebedürftigen, der Zeitraum sowie der Umfang der Pflegezeit stehen. Sie können die Pflegezeit zum Beispiel nur für vier Monate nehmen. Wollen Sie allerdings verlängern, muss der Arbeitgeber in der Regel zustimmen. Ein Anspruch auf Verlängerung besteht nur dann, wenn die Pflegeperson aus einem wichtigen Grund nicht wie vorgesehen wechseln kann. Das ist beispielsweise der Fall, wenn ein anderer Angehöriger die weitere Pflege übernehmen wollte, aber selbst erkrankt.

Stellen Sie während der Pflegezeit fest, dass Sie doch früher als vereinbart wieder arbeiten möchten, müssen Sie mit Ihrem Chef sprechen und um eine Verkürzung bitten. Sie hängt von seiner Zustimmung ab, einen rechtlichen Anspruch haben Sie nicht. Auf der anderen Seite kann der Arbeitgeber die Pflegezeit nicht von sich aus verkürzen. Vom Antrag bis zum Ende der Pflegezeit besteht außerdem Kündigungsschutz.

Die **Pflegezeit endet vorzeitig,** wenn der Pflegebedürftige verstirbt, in ein Pflegeheim umzieht oder die häusliche Pflege aus anderen Gründen unmöglich oder unzumutbar wird. Denkbar ist zum Beispiel, dass sich der Gesundheitszustand des Pflegebedürftigen so stark verschlechtert, dass er nicht mehr zu Hause versorgt werden kann. Eine solche Veränderung müssen Sie dem Arbeitgeber unverzüglich mitteilen. Er kann eine ärztliche Bescheinigung verlangen. Die Pflegezeit endet dann mit einer Übergangsfrist von vier Wochen. Das heißt, einen Monat nachdem die Veränderung eingetreten ist, fangen Sie wieder an zu arbeiten.

Bevor Sie die Auszeit nehmen, sollten Sie prüfen, ob Sie finanziell abgesichert sind. Denn während der Pflegezeit bekommen Sie kein Gehalt.

Gut zu wissen

Nimmt eine privat krankenversicherte Person Pflegezeit, bekommt sie ebenfalls einen Zuschuss zur Krankenversicherung. Er ist begrenzt auf den Mindestbeitrag, den freiwillig gesetzlich Versicherte bezahlen. Diesen Zuschuss zahlt die Pflegekasse des Pflegebedürftigen. Sie trägt auch die Beiträge zur Arbeitslosenversicherung.

Außerdem müssen Sie sich um Ihre **Kranken-, Pflege- und Rentenversicherung** kümmern: Gesetzlich Krankenversicherte, die sechs Monate aus dem Job aussteigen, sind meist über die gesetzliche Krankenkasse des Ehepartners familienversichert. Alleinstehende und Unverheiratete können sich freiwillig krankenversichern. Fällig wird der Mindestbeitrag, den die Pflegekasse des Pflegebedürftigen erstattet. Rufen Sie bei dessen Pflegekasse an und bitten Sie um einen entsprechenden Antragsvordruck. Mit der Krankenversicherung sind Sie automatisch pflegeversichert. Wer Angehörige mindestens 14 Stunden pro Woche pflegt, ist außerdem rentenversichert (siehe Seite 64). Als Nachweis gilt das Gutachten des MDK. Auch in diesem Fall übernimmt die Pflegekasse auf Antrag die Beiträge. Waren Sie vor der Pflegezeit in der Arbeitslosenversicherung pflichtversichert, zahlt die Pflegekasse während der Auszeit die Beiträge an die Bundesagentur für Arbeit.

Kann ich Job und Pflege vereinbaren?

Wichtig!

- Die Familienpflegezeit ermöglicht, reduziert zu arbeiten
- Das Gehalt sinkt halb so stark wie die Arbeitszeit
- Es gibt keinen Rechtsanspruch auf Familienpflegezeit

Bisher hatten Arbeitnehmer, die einen Angehörigen pflegen, nur die Möglichkeit, sich freie Zeit durch kompletten Lohnausfall zu erkaufen. Das hat sich geändert. Mit der Einführung der Familienpflegezeit haben Sie die Option, zwei Jahre lang reduziert zu arbeiten. Das Gesetz trat am 1. Januar 2012 in Kraft.

Die **Familienpflegezeit** besteht aus zwei Phasen: Der eigentlichen Pflegezeit und der sogenannten Nachpflegephase. In der **Pflegezeit** arbeitet der Beschäftigte Teilzeit. Er kann seine reguläre Arbeitszeit für zwei Jahre auf bis zu 15 Stunden pro Woche reduzieren. Damit er trotzdem Geld zum Leben hat, verringert sich das Gehalt nur halb so stark wie die Arbeitszeit. Das heißt: Wenn Sie von einer vollen auf eine halbe Stelle wechseln, bekommen Sie 75 Prozent Ihres monatlichen Bruttoeinkommens ausgezahlt.

Wer unregelmäßig arbeitet, kann trotzdem Familienzeit nehmen. Er muss nur sicherstellen, dass er über einen Zeitraum von bis zu einem Jahr durchschnittlich mindestens 15 Stunden pro Woche arbeitet.

Auf die Pflegezeit folgt die **Nachpflegephase**. Der Beschäftigte arbeitet wieder seine reguläre Stundenzahl, bekommt allerdings weiterhin nur 75 Prozent seines Bruttoeinkommens überwiesen.

Gut zu wissen

Falls Sie Ihren Arbeitgeber erst von der Familienpflegezeit überzeugen müssen, können Sie folgende Argumente anbringen: Willigt er ein, sind Sie in der verbleibenden Arbeitszeit noch motivierter. Ihr Arbeitsausfall ist planbar. Ohne Familienpflegezeit besteht die Gefahr, dass Sie häufiger wegen Krankheit oder Überlastung fehlen. Das kann nicht in seinem Interesse sein. Sie sind zwar vorübergehend seltener da, langfristig behält er aber eine eingearbeitete Fachkraft. Und schließlich ist sein finanzielles Risiko durch das Bundesdarlehen sehr gering.

Gut zu wissen

Das monatliche Bruttoeinkommen wird anhand des regelmäßigen Arbeitsentgelts der letzten zwölf Monate berechnet. Sachbezüge werden dabei nicht berücksichtigt. Die Familienpflegezeit kann an die sechsmonatige Pflegezeit anschließen. Basis für die Berechnung des Aufstockungsbetrags ist dann das vor der Pflegezeit gezahlte Gehalt. Das Bundesamt für Familie und zivilgesellschaftliche Aufgaben stellt auf der Internetseite www.familienpflege-zeit.de einen Familienpflegezeit-Rechner zur Verfügung. Damit lässt sich ermitteln, wie hoch das Einkommen bei reduzierter Arbeitszeit ungefähr ausfällt.

Tipp

Teilzeitbeschäftigte können mit ihrem Chef vereinbaren, dass sie während der Pflegezeit bei gleichem Gehalt reduziert arbeiten. In der Nachpflegezeit wechseln sie dann auf eine höhere als die ursprüngliche Stundenzahl. Sie arbeiten die nicht geleisteten Stunden nach. Ein Beispiel: Arbeitet eine Frau regulär 25 Stunden pro Woche, könnte sie in der Pflegezeit bei gleichem Gehalt auf 15 Stunden reduzieren. In der Nachpflegezeit müsste sie dann so lange 35 Stunden pro Woche arbeiten, bis ihr Arbeitszeitkonto ausgeglichen ist.

Das gilt so lange, bis sein sogenanntes Wertguthaben ausgeglichen ist.

Die Familienpflegezeit steht allen Beschäftigten offen, die einen nahen Angehörigen pflegen. Voraussetzung ist, dass er mindestens die Pflegestufe I hat. Sie muss durch eine Bescheinigung der Pflegekasse oder des Medizinischen Dienstes der Krankenkassen (MDK) nachgewiesen werden. Anders als bei der Kurzzeitigen Arbeitsverhinderung und der Pflegezeit gibt es allerdings keinen Rechtsanspruch. Ob Sie Familienpflegezeit nehmen können, entscheidet Ihr Chef. Fragen Sie einfach Ihren Arbeitgeber.

Achtung

Falls Sie Familienpflegezeit nehmen möchten, sollten Sie über die zwei Jahre hinaus planen. Benötigt ihr Angehöriger auch danach Hilfe, sollte zeitig und verbindlich klar geregelt sein, wie diese ab dem dritten Jahr organisiert werden kann. Sonst besteht die Gefahr, dass Sie doch noch aus dem Job aussteigen. Das zu viel gezahlte Gehalt – den Aufstockungsbetrag – müssten Sie dann aus eigener Tasche zurückzahlen.

Stimmt er einer Familienpflegezeit zu, müssen Sie mit ihm eine schriftliche Vereinbarung schließen. Darin werden Beginn und Dauer der Familienpflegezeit, der Umfang der Arbeitszeit vor, während und nach der Familienpflegezeit sowie die Aufstockung des Gehalts und der spätere Ausgleich des Zeit- oder Lohnkontos festgehalten. Auf der Internetseite www.familien-pflege-zeit.de können Sie im Servicebereich ein Musterformular herunterladen.

Damit der Arbeitgeber keine finanziellen Nachteile hat, steht ihm ein **zinsloses Bundesdarlehen** zur Verfügung. Es kann beim Bundesamt für Familie und zivilgesellschaftliche Aufgaben beantragt werden. Mit dem Darlehen kann der Arbeitgeber das höhere Entgelt an den Arbeitnehmer begleichen. In der Nachpflegephase muss er es zurückzahlen.

Das Darlehen ist an den Abschluss einer **Familienpflegezeitversicherung** gebunden. Sie tritt in Kraft, wenn der Arbeitnehmer nach der Pflegezeit verstirbt oder wegen einer Berufsunfähigkeit nicht an den Arbeitsplatz zurückkehren kann. In einem solchen Fall würde der Arbeitgeber den zu viel gezahlten Lohn verlieren. Oder er könnte das Bundesdarlehen nicht zurückzahlen. Die Versicherung leistet jedoch nicht, wenn der Beschäftigte seinen Lohn beziehungsweise seine Arbeitszeit aus anderen Gründen nicht ausgleichen kann.

Beim Bundesamt für Familie und zivilgesellschaftliche Aufgaben gibt es einen Gruppenversicherungsvertrag, der allen Beschäftigten in Familienpflegezeit offen steht. Große Arbeitgeber können auch eine eigene Versicherung mit einem zertifizierten Versicherungsunternehmen abschließen. Ob der Arbeitgeber oder der Arbeitnehmer die Versicherungsprämie zahlt, ist Verhandlungssache.

Die Familienpflegezeit muss nicht zwangsläufig zwei Jahre dauern. Denkbar ist, nur ein Jahr reduziert zu arbeiten. Merken Sie dann, dass Ihr Angehöriger weiterhin Hilfe braucht, können Sie versuchen, mit dem Chef ein weiteres Jahr auszuhandeln. Zustimmen muss er nicht. Es bleibt also ein Risiko. Sicherer ist, die Familienpflegezeit von Beginn an für zwei Jahre zu vereinbaren. Hat der Arbeitgeber sie einmal genehmigt, kann er sie nicht mehr von sich aus verkürzen. Außerdem besteht während dieser Zeit und in der Nachpflegephase Kündigungsschutz.

Die Familienpflegezeit endet vorzeitig, sobald sich die Pflegesituation verändert. Das ist zum Beispiel der Fall, wenn der Pflegebedürftige in ein Pflegeheim umzieht. Tritt eine solche Veränderung ein, müssen Sie Ihren Arbeitgeber unverzüglich darüber informieren.

Schwierig wird es, wenn ein Arbeitnehmer nach zwei Jahren Familienzeit merkt, dass er nicht auf seine alte Stundenzahl zurückkehren kann. Er kann versuchen, mit dem Chef eine weitere Teilzeitbeschäftigung auszuhandeln. Sein Wertkonto muss er aber trotzdem ausgleichen. Vom Gehalt bleibt dann nicht mehr viel übrig.

Tipp

Sie können die Familienpflegezeit mehrfach hintereinander mit Ihrem Arbeitgeber vereinbaren. Voraussetzung ist, dass Sie die Nachpflegephase abgeschlossen haben: Ihr Wert- oder Arbeitszeitkonto muss ausgeglichen sein.

Gut zu wissen

Arbeitnehmer erwerben auch während der Familienpflegezeit Rentenansprüche. In der Pflegezeit und der Nachpflegephase zahlt der Arbeitgeber die Beiträge zur Rentenversicherung auf Basis des reduzierten Arbeitsentgeltes weiter. Zusätzlich überweist die Pflegekasse während der Pflegezeit Beiträge an die Rentenversicherung, wenn die Pflegeperson mindestens 14 Stunden pro Woche pflegt und höchstens 30 Stunden in der Woche arbeitet.

Wie hilft mir das Krankenhaus?

Wichtig!

- Die Klinik muss die Entlassung vorbereiten
- Sozialdienst und Pflegeüberleitung sind zuständig
- Bitten Sie frühzeitig um Hilfe

Häufig erfahren Patienten während einer Krankenhausbehandlung, dass sie sich künftig nicht mehr alleine versorgen können. Das ist ein Schock. Plötzlich stellt sich ihr Leben auf den Kopf, sie müssen den Alltag neu organisieren. Dabei helfen die Mitarbeiter des Sozialdienstes oder der Pflegeüberleitung im Krankenhaus. Sie sollen die Entlassung so gut wie möglich vorbereiten. Für Patienten und Angehörige sind sie wichtige Ansprechpartner.

Die Krankenhäuser sind verpflichtet, sich um die **Nachsorge** eines Patienten zu kümmern. Was das bedeutet, regeln die Kliniken unterschiedlich. Üblicherweise ist der **Sozialdienst** für die Organisation der weiteren Versorgung zuständig. Die Sozialarbeiter und Sozialpädagogen kümmern sich zum Beispiel darum, dass ein Patient nach der Krankenhausbehandlung eine Rehabilitation bekommt, die sogenannte Anschlussheilbehandlung (AHB) (siehe Seite 42 ff.). Daneben gibt es in einigen Krankenhäusern eine **Pflegeüberleitung**. Die Mitarbeiter helfen bei der Organisation einer häuslichen Pflege. Sozialdienst und Pflegeüberleitung sind in manchen Krankenhäusern zusammengefasst, in anderen arbeiten sie unabhängig voneinander. Sie kooperieren in der Regel eng. Da es den Sozialdienst in den meisten Kliniken gibt, beziehen sich die folgenden Erklärungen auf ihn.

In manchen Häusern werden Patienten schon bei der Aufnahme gefragt, wie die weitere Versorgung aussieht. In den meisten Fällen kontaktieren Ärzte oder Pfleger den Sozialdienst, wenn ein Patient voraussichtlich nicht mehr alleine zurechtkommen wird. **Sprechen Sie möglichst frühzeitig mit den Mitarbeitern,** wenn ein Angehöriger Hilfe braucht. Sie müssen nicht warten, bis der Sozialdienst auf Sie zukommt. Rufen Sie ihn an. Die Telefonnummern hängen auf der Station aus, oder sie stehen in den Infos der Kliniken.

Die Mitarbeiter des Sozialdienstes suchen den Patienten auf und besprechen mit ihm die weiteren Schritte. Sie erklären ihm, wie viel Unterstützung er künftig voraussichtlich braucht. In dem Gespräch versuchen sie außerdem her-

Tipp

Viele Fragen lassen sich nicht sofort beantworten. Der Patient braucht Zeit, die Diagnose zu verarbeiten. Angehörige müssen überlegen, wie viel Verantwortung sie übernehmen können. Im Idealfall helfen die Mitarbeiter des Sozialdienstes auch bei diesen Fragen. In der Hektik des Alltags können solche Gelegenheiten für Gespräche aber untergehen. Bitten Sie darum, die Mitarbeiter nehmen sich dann bestimmt Zeit.

auszufinden, wie das häusliche Umfeld aussieht. Gibt es Familienmitglieder in der Nähe, die helfen können? Es ist sinnvoll, wenn Sie als Angehöriger bei diesem Gespräch dabei sind.

Der Sozialdienst soll nicht nur beraten, sondern auch **praktische Hilfe** leisten. Nicht in allen Krankenhäusern passiert das automatisch. Dann sollten Sie nachfragen. Bitten Sie die Mitarbeiter darum, zum Beispiel einen Kurzzeitpflegeplatz zu organisieren. Der Sozialdienst sorgt auch dafür, dass der Patient schnell durch den Medizinischen Dienst der Krankenkassen (MDK) begutachtet wird, damit klar ist, ob er eine Pflegestufe bekommt.

Soll der Patient vom Krankenhaus direkt in ein Pflegeheim wechseln, hilft der Sozialdienst bei der Suche nach einer passenden Einrichtung. Er fragt nach freien Plätzen an und organisiert die Verlegung aus der Klinik. Neben dem klassischen Pflegeheim gibt es zunehmend Pflege-Wohngemeinschaften. Sprechen Sie die Mitarbeiter des Sozialdienstes auch auf solche Wohnformen an.

Wollen Sie als Angehöriger die Pflege übernehmen, besprechen die Mitarbeiter mit Ihnen, ob das unter den gegebenen Umständen möglich ist. Bleibt genug Zeit neben der Arbeit? Trägt die Familie die Entscheidung mit? Der Sozialdienst unterstützt Sie auch bei organisatorischen Fragen. Er kümmert sich beispielsweise darum, dass notwendige Hilfsmittel wie ein Pflegebett oder Gehhilfen zu Hause bereit stehen, wenn der Patient entlassen wird. Möglicherweise muss aber auch erst das Bad behindertengerecht beziehungsweise barrierefrei umgebaut werden.

Die Mitarbeiter vermitteln dann an Beratungsstellen und sorgen dafür, dass der Pflegebedürftige erst einmal in einer Kurzzeitpflegeeinrichtung versorgt wird (siehe Seite 38 ff.).

Als pflegender Angehöriger müssen Sie die wichtigsten Pflegehandgriffe kennen. Der Sozialdienst kümmert sich darum, dass Sie von einer Pflegefachkraft angeleitet werden. Haken Sie nach, falls das nicht passiert.

Steht die **Entlassung** an, sollten alle wichtigen Punkte für die künftige Versorgung noch einmal besprochen werden. Fragen Sie die Mitarbeiter, wenn Ihnen etwas unklar ist. Das Krankenhaus sollte Ihnen neben dem Arztbrief auch einen Pflegeüberleitungsbogen mitgeben. Im Idealfall steht darin nicht nur, bei welchen Tätigkeiten der Pflegebedürftige Hilfe braucht, sondern auch, wie genau die Hilfe aussieht. Muss Ihm etwa das Essen angereicht werden? Oder genügt es, die Mahlzeiten klein zu schneiden? Wie viele Treppenstufen kann er steigen? Eine solche detaillierte Auflistung hilft nicht nur Ihnen bei der weiteren Versorgung. Sie ist später auch wichtig für einen Ambulanten Pflegedienst.

Tipp

Die Landesstelle Pflegende Angehörige NRW hat eine Checkliste mit Fragen erstellt, die vor der Entlassung aus dem Krankenhaus geklärt werden sollten. Die Checkliste kann unter www.lpfa-nrw.de, Rubrik „Pflegebedürftig – was tun?“, dort „Krankenhaus – was nun?“ heruntergeladen werden.

Ferner sollten Sie darüber informiert sein, wo Sie künftig Hilfe bekommen können. Denn viele Fragen treten erst nach Wochen auf. Ansprechpartner sind dann zum Beispiel die Pflegestützpunkte.

Tipp

Ärzte im Krankenhaus dürfen Patienten Medikamente mit nach Hause geben. Das kann sehr hilfreich sein, wenn Sie zum Beispiel den Hausarzt am Entlassungstag nicht mehr erreichen können. Bitten Sie den behandelnden Arzt um notwendige Arzneien.

Was sind Pflegestützpunkte?

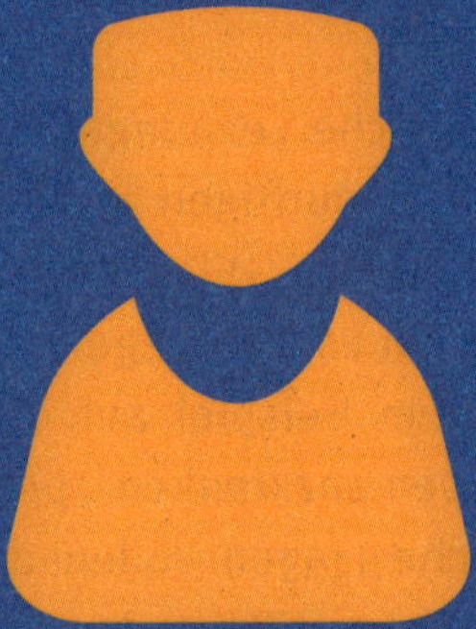

Wichtig!

- Pflegestützpunkte beraten zu allen Pflege-Fragen
- Hier gibt es Informationen zu Hilfsangeboten am Ort
- Die Beratung ist kostenlos

Eine Anlaufstelle für alle Fragen rund um Pflege – das sollen die Pflegestützpunkte sein. So steht es im Pflege-Weiterentwicklungsgesetz. Deren Mitarbeiter bündeln Informationen, geben Rat und helfen bei Anträgen. Sie haben außerdem einen Überblick, welche Pflege- und Unterstützungsangebote es am Ort gibt. Denn oft wissen Angehörige nicht, wo sie Hilfe bekommen können.

Welche Leistungen stehen einem Pflegebedürftigen zu? Was muss beim Antrag auf Hilfsmittel beachtet werden? Gibt es ein Pflegeheim am Ort, das sich zum Beispiel auf die Versorgung von Demenzkranken spezialisiert hat? Solche Fragen sollen die Mitarbeiter der **Pflegestützpunkte** beantworten. Die Beratung ist kostenlos und steht allen Mitgliedern der gesetzlichen Krankenversicherung offen. Es können sich also nicht nur Pflegebedürftige und ihre Angehörigen an einen Pflegestützpunkt wenden, sondern all diejenigen, die Fragen zum Thema Pflege haben. Die Pflegestützpunkte beraten auch präventiv: Sie geben zum Beispiel Tipps, wie man so gesund wie möglich älter wird.

Alle Bundesländer (außer Sachsen und Sachsen-Anhalt) haben inzwischen Pflegestützpunkte eingerichtet. Ihre Anzahl und Ausgestaltung ist allerdings von Land zu Land unterschiedlich. Häufig werden sie von den Pflegekassen und den Kommunen getragen, teilweise beteiligen sich die Länder. In vielen Pflegestützpunkten bieten die Pflegekassen auch eine **Pflegeberatung** an. Eine Verpflichtung dazu gibt es aber nicht.

Häufig wurden bereits vorhandene Beratungsangebote genutzt und ausgebaut. In einigen Bundesländern, beispielsweise in Nordrhein-Westfalen, befinden sich viele Pflegestützpunkte direkt in den Räumen einzelner Pflegekassen. Dort sollen aber auch Versicherte aller anderen Pflegekassen beraten werden. In manchen Bundesländern hat jeder Landkreis und jede kreisfreie Stadt einen Pflegestützpunkt. In anderen müssen Ratsuchende weitere Wege in Kauf nehmen. Sie sind nicht verpflichtet, den nächstgelegenen Pflegestützpunkt zu nutzen, sondern können frei entschei-

Tipp

Wo der nächste Pflegestützpunkt liegt, erfahren Sie bei Ihrer Pflegekasse oder der Stadtverwaltung. Das Zentrum für Qualität in der Pflege hat eine Datenbank mit Pflegestützpunkten aufgebaut, die eine Pflegeberatung bieten.
Unter http://psp.zqp.de/search.php können Sie über die Postleitzahl oder den Wohnort nach einem Pflegestützpunkt in der Nähe suchen.

den, wo Sie sich beraten lassen. Möchten Sie sich über konkrete Dienstleistungen informieren, ist es sinnvoll, den Pflegestützpunkt aufzusuchen, der am nächsten zum Wohnort des Pflegebedürftigen liegt. Die Mitarbeiter kennen die regionalen Angebote. Sie stehen mit Pflegeheimen, professionellen Pflegediensten, ehrenamtlichen Helfern und anderen Beratungsstellen in engem Kontakt. Sie können zum Beispiel helfen, falls Sie einen Ambulanten Pflegedienst suchen, der sich auf die Versorgung chronischer Wunden spezialisiert hat. Oder wenn verschiedene Hilfsangebote kombiniert werden müssen, etwa Essen auf Rädern, die professionelle Pflege durch einen Pflegedienst und der Besuch ehrenamtlicher Helfer, die stundenweise die Betreuung des Pflegebedürftigen übernehmen.
Die Pflegestützpunkte beraten außerdem zu allen Leistungsfragen. Die Mitarbeiter können erklären, welche Kosten die Kranken- und die Pflegekassen tragen und wann das Sozialamt einspringt. Falls nötig, rufen sie beim zuständigen Träger an und holen Informationen für den Ratsuchenden ein. Sie helfen auch dabei, Anträge zu stellen.

Die Beratung im Pflegestützpunkt kann einen oder mehrere Termine umfassen. Die Mitarbeiter kommen bei Bedarf auch zum Pflegebedürftigen nach Hause und beraten dort.
Eine intensive Begleitung über Wochen oder Monate können nicht alle Pflegestützpunkte leisten. In solchen Fällen verweisen sie an die Pflegeberater der Pflegekassen.

Gut zu wissen

Manchmal brauchen pflegende Angehörige vor allem jemanden, dem sie von ihren Ängsten und Problemen erzählen können. Die Mitarbeiter der Pflegestützpunkte versuchen, sich auch für solche Gespräche Zeit zu nehmen. Ihre Aufgabe ist das nicht. Sie wissen jedoch meistens, an wen sich Ratsuchende wenden können, wenn sie jemanden „einfach mal zum Reden“ brauchen.

Wer berät sonst noch?

Wichtig!

- Die Pflegekassen bieten eine längerfristige Begleitung
- Beratungsstellen der Kommunen kennen lokale Angebote
- Sozialverbände bieten Rechtsberatung an

Pflegebedürftige und ihre Angehörigen stehen nicht alleine da. Es gibt zahlreiche Anlaufstellen, die zu Fragen rund um Alter und Pflege beraten. Die Pflegekassen sind gesetzlich verpflichtet, ihren Versicherten eine umfassende, kostenlose Pflegeberatung anzubieten. Beratungsstellen der Kommunen kennen sich gut mit lokalen Angeboten aus. Wer rechtliche Unterstützung braucht, ist bei den großen Sozialverbänden richtig. Selbsthilfevereinigungen wie die Deutsche Alzheimer Gesellschaft bieten Rat und Hilfe bei konkreten Krankheitsbildern.

Falls Sie einen ambulanten Pflegedienst suchen oder Fragen zur Pflegeversicherung haben, können Sie sich an die **Pflegeversicherung des Pflegebedürftigen** wenden. Die Mitarbeiter in der Geschäftsstelle beraten zu allgemeinen Themen. Sie erklären Ihnen zum Beispiel, welche Pflegeleistungen Ihrem Angehörigen zustehen und geben Ihnen Übersichten der zugelassenen Pflegeheime oder Pflegedienste in der Umgebung. Stellen die Mitarbeiter in einem Gespräch fest, dass ein größerer Beratungsbedarf besteht, sollen sie eine umfassende Fallbegleitung, die sogenannte **Pflegeberatung** anbieten. Der Pflegebedürftige kann die Pflegeberatung aber auch selbst einfordern. Es besteht ein Rechtsanspruch darauf! Ein typischer Anlass für eine Pflegeberatung wäre etwa, wenn ein alleinstehender Pflegebedürftiger die weitere Versorgung nicht selbst organisieren kann. Eine längerfristige Begleitung – das Fallmanagement – ist häufig dann

Gut zu wissen

Beantragt ein Pflegebedürftiger Leistungen der Pflegeversicherung, muss die Pflegekasse ihm künftig innerhalb von zwei Wochen einen Beratungstermin anbieten und einen Ansprechpartner nennen. So sieht es der Entwurf für das Pflege-Neuausrichtungsgesetz vor, das zum 1. Januar 2013 in Kraft treten soll.

notwendig, wenn Leistungen verschiedener Träger beantragt werden müssen. Oder wenn mehrere Maßnahmen kombiniert werden, also zum Beispiel erst eine Kurzzeitpflege organisiert werden muss, damit die Wohnung behindertengerecht umgebaut werden kann. Die Pflegeberatung kann in der Geschäftsstelle der Pflegekasse erfolgen. In einigen Bundesländern wird sie in Pflegestützpunkten angeboten (siehe Seite 30 ff.). Auf Wunsch soll der Pflegeberater auch zum Versicherten nach Hause kommen. Dann kann er sich ein Bild von der häuslichen Situation machen. Eine Pflegeberatung kann sich über wenige Termine erstrecken oder über viele Monate hinziehen. Die Beratung ist kostenlos. Die Pflegeberatung von privat Krankenversicherten übernimmt die Firma Compass Private Pflegeberatung. Ruft ein Ratsuchender dort an, meldet sich innerhalb der nächsten 24 Stunden ein Berater, der einen Termin zu Hause vereinbart. Der Ablauf der Pflegeberatung ist vergleichbar mit der Beratung bei gesetzlich Versicherten.

Suchen Sie Informationen zu regionalen Angeboten für Ältere, sind die **kommunalen Seniorenberatungsstellen** (oft auch Seniorenbüros genannt) gute Ansprechpartner. Die Mitarbeiter beraten nicht nur zu klassischen Pflegeleistungen. Sie kennen auch Seniorentreffs und kulturelle Angebote für Ältere am Ort. Sie können in der Regel auch an ehrenamtliche Initiativen vermitteln, die alte und kranke Menschen betreuen,

Gut zu wissen

Der Pflegeberater muss sich ein genaues Bild von der Pflegesituation machen, um einen Versorgungsplan erstellen zu können. Deshalb fragt er detailliert nach den familiären Verhältnissen, der Wohnsituation, den finanziellen Möglichkeiten und der ärztlichen Versorgung. Falls Sie diese Informationen nicht weitergeben möchten, sollten Sie das schon beim Erstkontakt sagen. Sie sind nicht dazu verpflichtet. Allerdings bekommen Sie dann nur eine allgemeine Beratung. Die intensive Begleitung setzt einen Versorgungsplan voraus.

damit ihre Angehörigen stärker entlastet werden.

Zu Fragen rund um die Sozialhilfe können Sie sich an das **Sozialamt** bei der Stadtverwaltung wenden. Die Mitarbeiter erklären Ihnen, unter welchen Voraussetzungen Ihr Angehöriger Sozialhilfe bekommt und was bei der Antragstellung beachtet werden muss. Ebenfalls beim Sozialamt oder beim **Versorgungsamt** kann Ihr Angehöriger einen Schwerbehindertenausweis beantragen (siehe Seite 84 ff.).

Nicht immer läuft das Antragsverfahren bei den Kostenträgern – den Pflege- und Krankenkassen und den Sozialämtern – problemlos. Werden Anträge auf Leistungen ganz oder teilweise nicht anerkannt ist, rechtliche Unterstützung nötig. Solche Beratung bieten die großen **Sozialverbände,** vor allem der Sozialverband Deutschland (SoVD) und der Sozialverband VdK Deutschland. Die Mitarbeiter helfen bei der Antragstellung oder in einem Widerspruchsverfahren. Bei Bedarf stellen die Verbände auch eine rechtliche Vertretung vor dem Sozialgericht. Voraussetzung ist, dass man in dem jeweiligen Verband Mitglied wird. Die Jahresbeiträge liegen derzeit zwischen 54 und 60 Euro.

Tritt die Pflegebedürftigkeit in Folge einer bestimmten Krankheit auf, sind **Selbsthilfeorganisationen** gute Ansprechpartner. Dort bekommen Sie Informationen zum Krankheitsbild, zu typischen Verläufen und Behandlungsmöglichkeiten. Die regionalen Gruppen kennen Fachärzte und Pflegeeinrichtungen, die sich auf die Versorgung der Erkrankten spezialisiert haben. Die Deutsche Alzheimer Gesellschaft bietet eine telefonische Beratung am Alzheimer-Telefon unter 01803/17 10 17 oder 030/259 37 95 14 an. Unter www.deutsche-alzheimer.de lassen sich regionale Alzheimer Gesellschaften, Angehörigen- und Selbsthilfegruppen sowie Beratungsstellen suchen. Weitere bekannte und deutschlandweit tätige Selbsthilfeorganisationen finden Sie unter www.bag-selbsthilfe.de, über das örtliche Telefonbuch oder bei der Stadtverwaltung.

Wie kann ich Notzeiten überbrücken?

Wichtig!

- Kurzzeitpflege ist eine Zwischenlösung
- Die Pflegekasse zahlt die Pflege für 28 Tage im Jahr
- Unterkunft und Verpflegung zahlt der Pflegebedürftige

Das Pflegezimmer muss umgebaut werden, die Hauptpflegeperson ist krank oder möchte in Urlaub fahren: Es gibt viele Gründe, warum ein Pflegebedürftiger vorübergehend nicht so versorgt werden kann wie gewohnt. Die Kurzzeitpflege in einem stationären Pflegeheim ist dann eine gute Alternative. Sie kann auch genutzt werden, um Zeit zu überbrücken: Etwa, wenn der Pflegebedürftige aus dem Krankenhaus entlassen wird, aber noch nicht nach Hause kann.

In solchen Fällen hilft üblicherweise der Sozialdienst im Krankenhaus bei der Suche nach einem **Kurzzeitpflegeplatz**. Die Mitarbeiter kümmern sich um den Antrag bei der Pflegekasse und organisieren den Wechsel von der Klinik in die Kurzzeitpflegeeinrichtung (siehe Seite 26 ff.). Pflegen Sie einen Angehörigen zu Hause und möchten die Kurzzeitpflege nutzen, müssen Sie sich selbst um einen Platz und den Antrag kümmern. Fragen Sie bei Ihrer Pflegekasse nach zugelassenen Einrichtungen in Ihrer Nähe. Die Mitarbeiter haben in der Regel eine Übersicht über freie Kurzzeitpflegeplätze und können bei der Organisation helfen.

Die Pflegekassen beteiligen sich an den **Kosten für die Kurzzeitpflege,** wenn ein Versicherter mindestens Pflegestufe I

Gut zu wissen

Bekommt ein Pflegebedürftiger Pflegesachleistungen, wirkt sich die Kurzzeitpflege nicht auf den Anspruch aus (siehe Seite 58 ff.). Das heißt: Verbringt der Betroffene die ersten zwei Wochen des Monats in der Kurzzeitpflege, steht ihm für die restlichen zwei Wochen trotzdem der volle Pflegesachleistungsbetrag zu. Nutzt er hingegen das Pflegegeld, entfällt der Anspruch für die Dauer der Kurzzeitpflege.

Das wird sich mit dem Pflege-Neuausrichtungsgesetz ändern. Ab 2013 wird das Pflegegeld während der Kurzzeitpflege zur Hälfte weitergezahlt wird.

Tipp

Menschen mit erheblichem allgemeinem Betreuungsbedarf haben Anspruch auf einen Betreuungsbetrag von 100 beziehungsweise 200 Euro im Jahr (siehe Seite 62 ff.). Dieser Betrag kann genutzt werden, um Investitionskosten, Unterkunft und Verpflegung in der Kurzzeitpflege zu bezahlen. Außerdem können die Betroffenen Fahrtkosten geltend machen.

hat oder einen erheblichen Betreuungsbedarf hat. Sie übernehmen die Pflege- und Betreuungskosten für maximal 28 Tage im Jahr, höchstens jedoch bis zu einem Betrag von 1550 Euro. Diese Summe steht jedem Pflegebedürftigen zu, unabhängig von der bestehenden Pflegestufe.

Die Kosten der Kurzzeitpflegeeinrichtungen setzen sich aus unterschiedlichen Positionen zusammen. Die Pflegekassen zahlen für allgemeine Pflegeleistungen wie Körperpflege und Ernährung, für die medizinische Behandlungspflege, etwa Verbandswechsel, und die soziale Betreuung. Dazu gehören Spaziergänge oder Gruppenveranstaltungen wie gemeinsames Singen. Die Kosten für Unterkunft und Verpflegung muss der Pflegebedürftige selbst tragen. Je nach Pflegestufe können diese Posten mehr als die Hälfte der anfallenden Kosten ausmachen. Es lohnt sich daher, die Preise zu vergleichen. Darüber hinaus können die Pflegeeinrichtungen sogenannte Investitionskosten in Rechnung stellen. Das sind Kosten für den Unterhalt des Pflegeplatzes. In den meisten Bundesländern müssen die Pflegebedürftigen sie tragen. Falls Sie nicht in

Tipp

Pflegebedürftige haben einen Anspruch auf Kurzzeitpflege. Sie sollten dieses Angebot nicht erst dann nutzen, wenn die Hauptpflegeperson am Ende ihrer Kräfte ist. Die Kurzzeitpflege ist eine gute Möglichkeit, ihr eine Auszeit zu geben, damit sie Energie tanken kann.

der Lage sind, den Eigenanteil der Kurzzeitpflege selbst zu zahlen, können Sie beim Sozialamt einen Antrag auf „Hilfe zur Pflege“ stellen (siehe Seite 80 ff.).

Es gibt Einrichtungen, die sich auf die Kurzzeitpflege spezialisiert haben. Häufiger sind aber sogenannte flexible Kurzzeitpflegeplätze in normalen Pflegeheimen. Die Kurzzeitbewohner ziehen dann in ein Zimmer, das gerade frei ist. Was besser ist, lässt sich nicht generell sagen. In reinen Kurzzeitpflegeeinrichtungen sind die Mitarbeiter unter Umständen eher gewohnt, sich schnell auf die Bedürfnisse eines Bewohners einzustellen. Dafür haben Pflegeheime mit Langzeitbewohnern möglicherweise ein breiteres Förderangebot. Leidet Ihr Angehöriger beispielsweise an einer Demenz, wird er in einem Pflegeheim mit vielen Demenzkranken eher spezielle Trainingsangebote nutzen können. Fragen Sie nach, ob die Einrichtung ein Konzept zur Kurzzeitpflege hat und dafür sorgt, dass auch Kurzzeitbewohner an den angebotenen Aktivitäten teilnehmen können. Das spricht dafür, dass die Kurzzeitgäste nicht nur verwahrt werden. Stehen mehrere Einrichtungen zur Wahl, lohnt ein Besuch. Schauen Sie, ob sich Ihr Angehöriger in den in Frage kommenden Seniorenheimen für zwei oder drei Wochen wohlfühlen kann.

Falls Sie absehen können, wann Ihr Angehöriger eine Kurzzeitpflege nutzen möchte, sollten Sie sich umgehend um einen Platz kümmern. Vor allem in Ferienzeiten sind die Plätze schnell ausgebucht.

Tipp

Die Kurzzeitpflege kann auch genutzt werden, um den künftigen Pflegebedarf eines Angehörigen besser einzuschätzen. Denn häufig werden Patienten so früh aus dem Krankenhaus entlassen, dass nicht klar ist, wie viel Hilfe sie brauchen werden. Manche erholen sich so gut, dass sie auch in Zukunft alleine klar kommen. Andere bauen gesundheitlich ab und brauchen mehr Unterstützung als ursprünglich gedacht.

Was bietet eine Rehabilitation?

Wichtig!

- Medizinische Reha soll Pflegebedürftigkeit vorbeugen
- Anschlussheilbehandlung: von der Klinik in die Reha
- Geriatrische Reha berücksichtigt Probleme Älterer

Krankenhäuser sind für die Akutversorgung zuständig. Nach einem Schlaganfall, einem Herzinfarkt oder einem schweren Sturz werden die Betroffenen operiert oder mit Medikamenten behandelt. Damit allein ist es aber häufig nicht getan. Manche Patienten müssen das Sprechen neu lernen, andere Muskeln trainieren oder ihre Ernährung umstellen. Das ist Aufgabe der Rehabilitation.

Die **medizinische Rehabilitation** soll einer möglichen Behinderung oder Pflegebedürftigkeit vorbeugen, sie beseitigen oder eine Verschlimmerung verhindern. Sie ist zum Beispiel nach einem Schlaganfall wichtig, wenn ein Patient unter Sprachstörungen leidet. Für die Finanzierung einer medizinischen Rehabilitation sind unterschiedliche Träger zuständig.

Eine Sonderform der medizinischen Rehabilitation ist die Anschlussheilbehandlung (AHB), auch Anschlussrehabilitation genannt. Sie folgt direkt auf eine Krankenhausbehandlung. In der Regel muss sie spätestens 14 Tage nach der Entlassung beginnen. Diese Frist kann auf bis zu sechs Wochen ausgedehnt werden, wenn die Rehabilitation vorher nicht sinnvoll ist. Die AHB ist an bestimmte Diagnosen geknüpft. Sie ist zum Beispiel üblich nach dem Einsetzen von Hüft- und Knieprothesen, ei-

Gut zu wissen

Benötigen Arbeitnehmer eine Rehabilitation, ist in der Regel die Deutsche Rentenversicherung Ansprechpartner. Sie übernimmt die Kosten, wenn durch die Reha die Erwerbsfähigkeit möglichst weit erhalten werden kann. Die gesetzliche Unfallversicherung zahlt, wenn der Patient einen Arbeitsunfall hatte oder an einer anerkannten Berufskrankheit leidet. Beide Träger sind vorrangig zuständig. Das heißt: Wenn diese zahlen, muss die gesetzliche Krankenkasse keine Leistungen erbringen.

nem Bandscheibenvorfall, Schlaganfall oder Herzinfarkt. Fragen Sie den behandelnden Arzt im Krankenhaus, ob eine AHB für Ihren Angehörigen in Frage kommt. Die Klinik unterstützt Sie bei der Organisation. Sie stellt einen Eilantrag bei der Krankenkasse und kümmert sich um den Platz in einer Rehabilitationsklinik. Die AHB kann **stationär, teilstationär oder ambulant** erfolgen. Stationär heißt, dass der Patient in der Reha-Klinik wohnt. Bei einer teilstationären Reha ist er tagsüber in der Klinik, schläft aber zu Hause. Das hat den Vorteil, dass er besser in seinen Alltag eingebunden ist und dort auftretende Probleme mit den Reha-Ärzten besprechen kann. Nachteile sind die Fahrtzeiten und die möglicherweise zu großen Belastungen. Bei einer ambulanten Rehabilitation ist der Patient zu Hause und sucht nur für die Behandlungen ein Reha-Zentrum auf. Die ambulante Reha umfasst in der Regel 15 Behandlungen innerhalb von drei Arbeitswochen. Bei Bedarf kann die Behandlungszeit ausgeweitet werden: Der Patient hat dann zum Beispiel drei wöchentliche Termine über fünf Wochen verteilt. Eine stationäre AHB dauert normalerweise 21 Tage. Das ist wertvolle Zeit, die Sie dafür nutzen können, die weitere Versorgung Ihres Angehörigen zu organisieren. Eine Verlängerung der AHB ist möglich, wenn der behandelnde Arzt oder Therapeut feststellt, dass das Therapieziel noch nicht erreicht wurde. In der Regel stellt die Klinik den Antrag auf Verlängerung so rechtzeitig, dass der Patient bei einer Bewilligung nahtlos weiterbehandelt werden kann. Patienten müssen für

Gut zu wissen

Informationen zu allen Fragen der Rehabilitation geben die Gemeinsamen Service-Stellen (www.reha-servicestellen), die flächendeckend eingerichtet wurden. Die Mitarbeiter beraten kostenlos zu den Leistungen, helfen bei der Antragstellung und begleiten auf Wunsch durch den gesamten Rehabilitationsprozess. Dabei ist es egal, ob die Renten-, Unfall- oder Krankenversicherung die Kosten der Rehabilitation trägt.

eine Rehabilitation zehn Euro am Tag zuzahlen. Bei einer AHB ist diese Zuzahlungspflicht auf 28 Tage begrenzt. Bereits geleistete Zuzahlungen im Krankenhaus werden angerechnet. Wenn Ihr Angehöriger bereits 15 Tage in der Klinik lag, muss er nur noch für 13 Tage in der Reha-Klinik zahlen.
Eine medizinische Rehabilitation steht auch Menschen offen, die nicht im Krankenhaus liegen. Ansprechpartner ist der behandelnde Arzt. Er muss beurteilen, ob eine Reha sinnvoll ist und in Frage kommt. Das ist der Fall, wenn die Behandlungsmöglichkeiten am Ort ausgeschöpft wurden. Die verschiedenen Reha-Träger haben unterschiedliche Antragsverfahren. Im Folgenden wird der Ablauf bei den gesetzlichen Krankenkassen beschrieben, da sie meistens bei älteren Patienten zuständig sind.
Die medizinische Rehabilitation kann nur von Ärzten mit einer Reha-Zulassung verschrieben werden. Fehlt dem behandelnden Arzt diese Zusatzqualifikation, muss er den Patienten an einen Kollegen überweisen. Welche Ärzte eine Reha-Zulassung haben, erfahren Sie bei der Kassenärztlichen Vereinigung Ihres Bundeslandes (Adressen unter www.kbv.de/wir_ueber_uns/4130.html). Der Arzt schildert der Krankenkasse zunächst die Diagnose und gibt eine Behandlungsempfehlung. Nach einem Schlaganfall wird er zu einer neurologischen Rehabilitation raten, bei einer Krebserkrankung zu einer onkologischen. Außerdem muss er in dem Formular bescheinigen, dass der Patient

Gut zu wissen

Für Patienten ist es oft schwierig herauszufinden, welcher Träger für sie zuständig ist. Diese Frage sollen die Leistungserbringer deshalb untereinander klären. Geht ein Antrag bei einem Kostenträger ein, muss dieser innerhalb von zwei Wochen prüfen, ob er zuständig ist. Falls nicht, muss er den Antrag sofort dem seiner Ansicht nach zuständigen Träger übermitteln. Dieser ist grundsätzlich vorläufig zuständig. Er muss prüfen, ob der Antrag bewilligt wird.

rehabilitationsfähig ist. Damit ist zum Beispiel gemeint, dass er mobil genug ist, um an Behandlungen teilzunehmen. Die Krankenkasse prüft dann, ob sie zuständig ist. Falls ja, schickt sie dem Arzt ein Antragsformular zu, mit dem dieser die Rehabilitation verordnet. Im nächsten Schritt prüft der Medizinische Dienst der Krankenkassen (MDK), ob der Antrag nachvollziehbar ist oder ob Behandlungsalternativen zur Verfügung stehen. Stimmt er dem Antrag zu,

Achtung

Die Zusage der Krankenkasse, die Kosten für die beantragte Reha zu übernehmen, gilt nur für vier Monate. Falls Ihr Angehöriger die Reha bis dahin nicht angetreten hat, muss er einen neuen Antrag stellen. Das kann zum Beispiel passieren, wenn die gewählte Reha-Klinik lange Wartezeiten hat. In einem solchen Fall sollten Sie die Krankenkasse rechtzeitig informieren und um eine Verlängerung bitten.

bekommt der Patient einen Bescheid seiner Krankenkasse, dass die Reha genehmigt wird. Zwischen Antrag und Bescheid vergehen üblicherweise zwischen ein und vier Wochen. Müssen weitere Informationen eingeholt werden, kann der Bescheid aber auch deutlich länger auf sich warten lassen.

In der Regel wählt die Krankenkasse eine passende Reha-Klinik oder ein Reha-Zentrum aus. Sie können aber auch selbst eine Einrichtung für Ihren Angehörigen suchen, die jedoch zugelassen und zertifiziert sein muss. Dabei sollten Sie darauf achten, dass die Reha-Klinik einen Versorgungsvertrag mit der Krankenkasse hat. Denn einige Kliniken arbeiten nur mit den Rentenversicherungsträgern zusammen, andere ausschließlich mit den Krankenkassen.

Zur medizinischen Rehabilitation gehört auch die **geriatrische Rehabilitation.** Sie richtet sich an ältere Menschen, die an mehreren Krankheiten und altersbedingten Veränderungen leiden.

Hat ein Patient zum Beispiel eine eingeschränkte Nieren- oder Leberfunktion, muss das bei der Medikamentengabe berücksichtigt werden. Und wer verwirrt ist, braucht eine besonders intensive Betreuung. Die geriatrische Reha kommt auch für pflegebedürftige Menschen in Frage. Das unterscheidet sie von der herkömmlichen medizinischen Reha, die voraussetzt, dass der Patient weitgehend selbstständig ist. Bei der geriatrischen Reha steht keine besondere Diagnose im Vordergrund. Alle bestehenden Leiden werden berücksichtigt. Die Ärzte und Therapeuten in geriatrischen Einrichtungen sind auf solche Fälle spezialisiert. Voraussetzung für eine geriatrische Rehabilitation ist ebenfalls, dass die Behandlungsmöglichkeiten am Ort ausgeschöpft sind. Der behandelnde Arzt muss ein Formular mit der Empfehlung für eine geriatrische Rehabilitation an die Krankenkasse schicken. Die Prüfung läuft wie bei der gewöhnlichen medizinischen Rehabilitation ab. Die geriatrische Rehabilitation erfolgt häufig stationär in Krankenhäusern mit geriatrischen Abteilungen. Es gibt aber auch spezialisierte Reha-Kliniken. Ambulante Angebote sind selten, weil viele ältere Patienten Schwierigkeiten haben, sie aufzusuchen.

Gut zu wissen

Im Sozialgesetzbuch gilt der Grundsatz „Rehabilitation vor Pflege“. Stellt der Medizinische Dienst der Krankenkasse (MDK) im Rahmen der Begutachtung für eine Pflegestufe fest, dass eine Rehabilitation sinnvoll wäre, um den Hilfsbedarf des Patienten zu verringern, muss er das im Gutachten festhalten und eine entsprechende Empfehlung an den zuständigen Kostenträger weiterleiten. Bislang passiert das eher selten. Ab 2013 muss er auf einem extra Formular eine Rehabilitationsempfehlung aussprechen, die automatisch als Antrag gilt, wenn der Pflegebedürftige dem zustimmt.

Was muss ich mit der Familie klären?

Wichtig!

- Die eigene Motivation zur Pflege ist wichtig
- Aufgaben verteilen: Verbindliche Regelungen treffen
- Sprechen Sie mit dem Angehörigen über seine Wünsche

Braucht ein Mensch Hilfe, übernimmt häufig der Partner die Pflege – oder die Tochter, die am nächsten bei den Eltern wohnt. Das passiert oft automatisch, weil alle Beteiligten stillschweigend davon ausgehen. Eine solche Regelung kann gut gehen, aber auch katastrophal enden. Wer sich bewusst macht, warum er pflegt – und realistisch die eigenen Möglichkeiten überdenkt – ist besser auf die Herausforderung vorbereitet.

Pflege ist ein Langstreckenlauf. Sie dauert im Durchschnitt acht Jahre. Die wenigsten Menschen können sich vorstellen, was das für Pflegebedürftige und ihre Angehörigen bedeutet. Tritt der Pflegefall plötzlich ein, müssen schnell viele Entscheidungen getroffen werden. Da bleibt wenig Zeit, um innezuhalten und nachzudenken. Doch genau das sollten Sie tun, wenn Sie vor der Frage stehen, ob Sie einen Angehörigen pflegen. Es ist hilfreich, die **eigene Motivation** zu kennen. Wer eine Pflege übernimmt, weil er Schuldgefühle hat und etwas wiedergutmachen möchte, gerät leicht in einen Teufelskreis: Er hat Angst, seine Aufgabe nicht gut genug zu erfüllen, kümmert sich noch mehr und ist irgendwann völlig überfordert. Das kann krank machen, aber auch zu Aggressionen und Ohnmachtsgefühlen führen. Wer dagegen pflegt, weil er seinen Angehörigen sehr liebt und ihm helfen möchte, kann es häufig besser ertragen, durch die Pflege eingeschränkt zu leben.

Um einzuschätzen, was auf Sie zukommt, brauchen Sie **Informationen**. Bitten Sie Ihren Angehörigen, dass

Gut zu wissen

Sehr viele Pflegende haben das Gefühl, nicht genug zu leisten und überfordert zu sein. Es kann gut tun, mit anderen pflegenden Angehörigen darüber zu sprechen und die eigenen Sorgen zu teilen. In vielen Städten gibt es Gesprächskreise für pflegende Angehörige. Fragen Sie bei ihrem Pflegestützpunkt (siehe Seite 30) nach Angeboten in Ihrer Nähe.

Wichtig

Pflegende brauchen Auszeiten, um selbst Kraft zu tanken. Planen Sie von Anfang an freie Zeiten in der Woche ein, in denen Sie etwas Schönes unternehmen: Freunde treffen, ein Hobby pflegen. Fragen Sie Freunde oder Verwandte, ob sie sich in dieser Zeit um den Pflegebedürftigen kümmern können oder bitten Sie ehrenamtliche Helfer um Entlastung (siehe Seite 116 ff.).

Sie mit dem Arzt sprechen dürfen. Fragen Sie den Mediziner nach der Diagnose und lassen Sie sich erklären, was sie bedeutet. Wird sich der Zustand Ihres Angehörigen voraussichtlich wieder verbessern oder stetig verschlechtern? Ist er nur körperlich eingeschränkt oder auch geistig? Mit welchen Veränderungen in seinem Verhalten müssen Sie rechnen? Gut ist, wenn Sie anschließend mit einer Pflegefachkraft besprechen, was die Diagnose für den Alltag bedeutet. Bei welchen Tätigkeiten braucht Ihr Angehöriger voraussichtlich Unterstützung? Wie viel Zeit am Tag müssen Sie dafür einplanen? Kann er alleine bleiben oder muss ständig jemand bei ihm sein? Diese Informationen sind wichtig, um abzuschätzen, ob Sie die Pflege zeitlich leisten können. Haben Sie tagsüber Zeit, sich um Ihren Angehörigen zu kümmern? Oder arbeiten Sie voll und können nur am Wochenende oder abends Aufgaben übernehmen? Sind sie bereit und in der Lage, im Job kürzer zu treten? Oder können Sie sich das finanziell nicht leisten? Müssen Sie eigene Kinder betreuen? Wie viel Zeit benötigen Sie für den Haushalt und gibt es die Möglichkeit, dabei Hilfe zu bekommen? Je besser Sie Ihre Möglichkeiten kennen, desto leichter fällt es ihnen zu beurteilen, wie viel zusätzliche Hilfe organisiert werden muss.

Genauso bedeutend ist es, **früh mit dem Pflegebedürftigen zu sprechen**. Fragen Sie ihn, wie er sich die weitere Versorgung vorstellt. Welche Wohnformen kommen für ihn in Frage? Würde er in ein Seniorenheim oder in eine betreute Wohngruppe ziehen? Manche Pflegebedürftige möchten keine Probleme machen und haben sich bereits verschiedene Seniorenheime angesehen. Andere lehnen eine stationäre Versorgung grundsätzlich ab. Auch wenn Sie den Wünschen nicht immer entsprechen können, ist es zumindest gut zu wissen, woran Sie sind.

Während einer Pflege kommt es zu Rollenverschiebungen: Kümmert sich die Tochter um ihren hilfsbedürftigen Vater, muss sie für viele Aspekte seines Lebens Verantwortung übernehmen. Das Kind schlüpft in die klassische Elternrolle, was für beide Seiten schwierig sein kann. Es ist wichtig, sich dessen bewusst zu sein. Wenn Sie ein Elternteil pflegen wollen, sollten Sie versuchen, über die **Rollenverschiebung** zu sprechen. Möglicherweise möchten Ihr Vater oder Ihre Mutter gar nicht, dass Sie bestimmte Tätigkeiten wie das Waschen übernehmen, um so die eigene Intimsphäre zu wahren. Dann kann es sinnvoll sein, wenn ein Ambulanter Pflegedienst diese Aufgabe übernimmt. Für andere Menschen ist die Vorstellung schrecklich, von einem Fremden gewaschen zu werden. Sie haben aber kein Problem damit, wenn ein Pfleger bei den Mahlzeiten hilft. Dann können Sie sich als Angehöriger in diesem Bereich Unterstützung holen.

Solche Gespräche sind nicht einfach, denn der Pflegebedürftige muss selbst erst die Situation verstehen, um dann Hilfe zu akzeptieren. Oft sind Gespräche gar nicht möglich, etwa weil der Pflegebedürftige geistig eingeschränkt ist. Es lohnt aber ein Versuch. Je mehr Sie über die Wünsche Ihres Angehörigen wissen, desto leichter wird es Ihnen fallen, die Hilfe entsprechend zu organisieren.

Dafür ist es auch wichtig zu wissen, welche **finanziellen Mittel** zur Verfügung stehen. Hat Ihr Angehöriger Vermögen, auf das er zurückgreifen kann? Gibt es eine private Pflegezusatzversicherung, etwa eine Pflegetagegeldversicherung? Oder ist er maßgeblich auf die Leistungen der sozialen Pflegeversicherung angewiesen? Falls sich ihr Angehöriger nicht mehr selbst um Geld- und Versicherungsangelegenheiten kümmern kann, muss geklärt werden, wer entsprechende Vollmachten hat (siehe Seite 92 ff.).

Braucht ein Familienmitglied Pflege, geht das alle Angehörigen etwas an – auch den Sohn, der beruflich stark eingebunden ist oder die Tochter, die im Ausland lebt. Sie alle sollten in die Entscheidung, wie es weitergeht, eingebunden werden. Bestellen Sie einen **Familienrat** ein! Sprechen Sie darüber, wer die Pflege übernehmen soll – und wie diese Person entlastet werden kann. Denkbar ist zum Beispiel, dass sie einen Tag pro Woche frei hat und sich ein anderes Familienmitglied um die Versorgung kümmert. Leben keine weiteren Angehörigen in der Nähe, lässt sich stattdessen Geld zusammenlegen, um zum Beispiel dem Pflegenden eine

Checkliste

Diese Fragen müssen Sie unbedingt klären

- Gibt es noch andere wichtige Personen, die benachrichtigt werden müssen?
- Bekommt der Pflegebedürftige Leistungen der Pflegeversicherung oder wurden sie beantragt?
- Wie hoch sind die monatlichen Einkünfte? Über welches Vermögen verfügt der Pflegebedürftige?
- Hat der Pflegebedürftige eine private Kranken- oder Pflegezusatzversicherung abgeschlossen, die Kosten trägt?
- Müssen finanzielle Verpflichtungen wie Bankkredite bedient werden?
- Gibt es eine Patientenverfügung, Vorsorgevollmacht und Betreuungsverfügung? Wo werden sie aufbewahrt? Wer ist als Bevollmächtigter und als Wunschbetreuer genannt?
- Kann der Pflegebedürftige in seiner Wohnung bleiben oder muss sie aufgelöst werden?
- Bestehen bereits Voranmeldungen für Betreutes Wohnen, Seniorenstifte oder Pflegeheime?

Haushaltshilfe zu finanzieren. Auch das ist eine große Entlastung. Oft hilft es schon, wenn ein anderes Familienmitglied zweimal pro Woche beim Pflegebedürftigen anruft und sich mit ihm unterhält. Oder Sie vereinbaren, dass ein anderer Angehöriger das Organisatorische übernimmt, das heißt, Anträge stellt, Verträge abschließt und das Finanzielle regelt. Diese Person muss dafür eine Vollmacht haben, sonst fehlt ihr für viele Aufgaben die rechtliche Legitimation (siehe Seite 92 ff.). Eine solche Regelung setzt voraus, dass beide Familienmitglieder regelmäßig und verbindlich miteinander sprechen.

Letztlich ist es egal, wie Sie die Aufgaben aufteilen. Sie sollten sie aber verteilen, sonst fühlt sich der Pflegende schnell im Stich gelassen. Wichtig ist, dass Sie **verbindliche Regeln** treffen. Andernfalls besteht die Gefahr, dass die Vereinbarungen im Sande verlaufen und der Pflegende doch alleine dasteht. Planen Sie, die Pflege selbst zu übernehmen und haben eine eigene Familie? Dann sollten Sie in Ruhe mit Ihrem Partner und den Kindern darüber sprechen. Für sie bleibt weniger Zeit. Trägt der Partner die Entscheidung mit? Muss er dadurch mehr Familienarbeit übernehmen und ist er dazu bereit? Nur mit seiner Unterstützung können Sie die Pflege dauerhaft leisten. Damit die Kinder im Pflegealltag nicht untergehen, kann es sinnvoll sein, feste Zeiten für sie einzuplanen. Außerdem sollten Sie darüber nachdenken, was passiert, wenn die Kinder mal krank sind und Sie sich stärker um sie kümmern müssen. Für solche Fälle sollte ein Ersatzpfleger bereit stehen, der kurzfristig einspringen kann.

Tipp

Je mehr alle Familienmitglieder eingebunden sind, desto besser können sie Entscheidungen mittragen. Das ist zum Beispiel wichtig, wenn die Versorgung zu Hause schwieriger wird. Dann können die Angehörigen gemeinsam überlegen, wie es weitergehen soll und gegebenenfalls zusammen nach einem Heimplatz suchen.

Wann zahlt die Pflege-kasse?

Wichtig!

- Der Hilfsbedarf bei körperlicher Pflege zählt
- Die Hilfe muss regelmäßig erforderlich sein
- Berechnet wird, wie lange eine Laienpflegekraft braucht

Menschen mit „erheblicher Pflegebedürftigkeit“ bekommen Geld aus der sozialen Pflegeversicherung. Der Pflegebedürftigkeitsbegriff ist aber eng gefasst. Für die Pflegekasse ist entscheidend, dass der Betroffene regelmäßig Hilfe bei der körperlichen Pflege benötigt. Demenzkranke erhalten daher oft nur eingeschränkte Leistungen.

Versicherte müssen bei ihrer Pflegekasse einen **Antrag** stellen, um Leistungen der Pflegeversicherung zu erhalten (siehe Seite 6 ff.). Die Pflegekasse prüft zunächst, ob der Versicherte die **Vorversicherungszeiten** erfüllt hat. Das ist der Fall, wenn er in den vergangenen zehn Jahren mindestens zwei Jahre lang in die Pflegeversicherung eingezahlt hat als Pflichtversicherter, freiwillig Versicherter oder über die Familienversicherung. Da die Zahlungen nicht am Stück erfolgt sein müssen, gibt es mit dieser formalen Voraussetzung in der Regel kein Problem. Komplizierter ist die Feststellung, ob eine **„erhebliche Pflegebedürftigkeit“** vorliegt.

Voraussetzungen dafür sind, dass der Versicherte

- aufgrund einer Krankheit oder Behinderung für voraussichtlich mindestens sechs Monate Hilfe benötigt. Wer nur vorübergehend Unterstützung braucht, etwa nach einem Krankenhausaufenthalt, bekommt keine Leistungen der Pflegeversicherung. Für eine solche häusliche Krankenpflege ist die gesetzliche Krankenversicherung zuständig (siehe Seite 76 ff.)
- bei „alltäglichen Verrichtungen“ Hilfe braucht, die bei jedem Menschen gewöhnlich und regelmäßig im Tagesverlauf anfallen. Dazu zählen etwa Waschen, Kochen und Essen.

Die in Frage kommenden **Verrichtungen** sind den vier Bereichen Körperpflege, Ernährung, Mobilität und hauswirtschaftliche Versorgung zugeordnet. Damit die Pflegeversicherung zahlt, muss der Pflegebedürftige mindestens einmal täglich bei zwei Verrichtungen Hilfe benötigen. Das ist wichtig zu wissen, weil es immer wieder zu Missverständnissen darüber kommt, welche Hilfeleistungen angerechnet werden. Das führt dazu, dass viele Pflegebe-

Bereich	Maßnahmen
Körperpflege	Waschen, Duschen, Baden, Zahnpflege, Kämmen, Rasieren, Toilettengang
Ernährung	Mundgerechtes Zubereiten oder die Aufnahme der Nahrung
Mobilität	Hilfe beim selbstständigen Aufstehen und Zu-Bett-Gehen, An- und Auskleiden, Gehen, Stehen, Treppensteigen, Verlassen und Wiederaufsuchen der Wohnung, wenn der Pflegebedürftige einen wichtigen Termin hat, etwa beim Arzt
Hauswirtschaftliche Versorgung	Einkaufen, Kochen, Reinigen der Wohnung, Spülen, Wechseln und Waschen von Wäsche und Kleidung , Beheizen der Wohnung

dürftige davon ausgehen, Leistungen der Pflegeversicherung zu bekommen, tatsächlich aber leer ausgehen. Tätigkeiten wie Zähneputzen oder Haare kämmen werden von der Pflegekasse anerkannt, weil sie täglich anfallen. Eine Nagelpflege oder das Haareschneiden dagegen nicht, weil diese Aufgaben seltener anstehen. Eine Besonderheit gilt für die hauswirtschaftliche Versorgung. Wer ausschließlich in diesem Bereich Hilfe benötigt, bekommt keine Leistungen der Pflegeversicherung.

Die Pflegekasse prüft schließlich, wie viel Zeit eine Laienpflegekraft durchschnittlich benötigt, um die erforderlichen Hilfeleistung auszuführen. Daraus errechnen sich die **Pflegestufen.**

Die **Pflegestufe I** entspricht einer **erheblichen Pflegebedürftigkeit.** Sie liegt vor, wenn mindestens 90 Minuten pro Tag Hilfe notwendig ist. Mehr als 45 Minuten davon müssen auf die Grundpflege, also Körperpflege, Ernährung und Mobilität, entfallen. Der Hilfebedarf muss mindestens einmal täglich bei zwei Verrichtungen bestehen. Außerdem muss der Betroffene mehrfach in der Woche Unterstützung bei der Hauswirtschaftlichen Versorgung benötigen.

Die **Pflegestufe II** bedeutet **Schwerpflegebedürftigkeit**. Der Antragsteller muss mindestens 180 Minuten am Tag auf Hilfe angewiesen sein. Mindestens 120 Minuten müssen für die Grundpflege aufgewendet werden. Der Hilfebedarf muss mindestens dreimal am Tag anfallen. Zusätzlich muss mehrmals in der Woche Hilfe bei der hauswirtschaftlichen Versorgung notwendig sein.

Die **Pflegestufe III** wird bei **Schwerstpflegebedürftigkeit** gewährt. Der Betroffene braucht mindestens 300 Minuten am Tag Hilfe, davon mindestens 240 Minuten für die Grundpflege. Die Hilfe muss rund um die Uhr bereitstehen, also auch regelmäßig nachts zwischen 22 und 6 Uhr. Außerdem muss mehrmals pro Woche Hilfe bei der hauswirtschaftlichen Versorgung erforderlich sein.

Neben den drei offiziellen Pflegestufen, die im Pflegeversicherungsgesetz genannt sind, gibt es noch zwei inoffizielle: Pflegestufe IV und Pflegestufe 0. Die **Pflegestufe IV** meint **Härtefälle**, die auf außergewöhnlich viel Hilfe angewiesen sind. Die Betroffenen müssen täglich mindestens sechs Stunden Hilfe bei der Grundpflege benötigen. Außerdem muss die Hilfe mindestens dreimal pro Nacht erforderlich sein. Ein Härtefall liegt auch dann vor, wenn wenigstens bei einer Verrichtung tagsüber und nachts neben einer professionellen Pflegekraft eine weitere Pflegeperson tätig werden muss. Außerdem muss der Pflegebedürftige ständig Hilfe bei der hauswirtschaftlichen Versorgung benötigen. Nur sehr wenige Versicherte werden als Härtefälle anerkannt.

Häufig ist dagegen die **Pflegestufe 0**. Von ihr wird gesprochen, wenn eine Person pflegebedürftig ist, aber nicht die Kriterien der Pflegestufe I erfüllt. Das sind vor allem Menschen mit kognitiven Beeinträchtigungen (etwa bei Demenz). Sie können sich zwar selbst waschen und anziehen, benötigen aber ständige Aufsicht. Die Betroffenen haben bisher keinen Anspruch auf allgemeine Pflegeleistungen. Sie können aber Betreuungsleistungen erstattet bekommen, wenn ein **erheblicher allgemeiner Betreuungsbedarf** vorliegt (siehe Seite 61).

...und welche Leistungen gibt es?

Wichtig!

- Anfallende Pflegekosten werden anteilig übernommen
- Viele Leistungen lassen sich kombinieren
- Geld gibt es auch für Hilfsmittel und Wohnungsumbauten (barrierefreies Wohnen)

Die Pflegeversicherung ist eine Teilkasko-Versicherung: Sie deckt nur einen Teil der anfallenden Pflegekosten. Den Rest müssen Pflegebedürftige aus eigener Tasche bezahlen. Für jede Pflegestufe gibt es feste Beträge, die bei ambulanter oder stationärer Pflege gezahlt werden. Daneben stehen Pflegebedürftigen weitere Leistungen zu, etwa für Kurzzeitpflege, Ersatz- oder Verhinderungspflege oder teilstationäre Pflege. Viele Leistungen lassen sich kombinieren.

Wie viel Geld ein Pflegebedürftiger von der Pflegekasse bekommt, hängt von seiner Pflegestufe und der gewählten Versorgungsform ab. Am höchsten sind die Sätze bei einer stationären Versorgung, weil hier besonders hohe Kosten anfallen. Wer zu Hause gepflegt wird, kann zwischen Pflegegeld, Pflegesachleistungen und Kombinationsleistungen wählen.

Das **Pflegegeld** wird ausgezahlt, wenn ein Pflegebedürftiger ausschließlich von einer ehrenamtlichen Pflegeperson versorgt wird, zum Beispiel einem Angehörigen. Er kann das Pflegegeld an diese Person als Aufwandsentschädigung weitergeben.

Kümmert sich ein professioneller Pflegedienst um die Pflege, bekommt der Versicherte **Pflegesachleistungen**. Das Geld wird ihm nicht ausgezahlt. Er vereinbart stattdessen bestimmte Leistungen mit dem Pflegedienst, die dieser direkt mit der Pflegekasse abrechnet.

Die dritte Möglichkeit ist eine **Kombination aus Pflegesachleistungen und Pflegegeld:** Der Pflegebedürftige engagiert für bestimmte Hilfen einen professionellen Pflegedienst. Den anteiligen Restbetrag lässt er sich als Pflegegeld auszahlen.

Tages- und Nachtpflege bedeutet, dass ein Pflegebedürftiger entweder tagsüber oder nachts in einer stationären Einrichtung versorgt wird (siehe Seite 112 ff.). Die Pflegekasse trägt die Kosten für Pflege und Betreuung bis zu einem monatlichen Höchstsatz, der je nach Pflegestufe variiert. Für Unterkunft und Verpflegung muss der Versicherte selbst aufkommen.

Pflegebedürftigen, die zu Hause versorgt werden, stehen noch eine Reihe

Die Pflegesätze 2012 pro Monat

	Pflegestufe I	Pflegestufe II	Pflegestufe III	Pflegestufe IV
Pflegegeld	235 Euro	440 Euro	700 Euro	700 Euro
Pflegesachleistung	450 Euro	1100 Euro	1550 Euro	1918 Euro
Tages- und Nachtpflege	450 Euro	1100 Euro	1550 Euro	
Stationäre Pflege	1023 Euro	1270 Euro	1550 Euro	1918 Euro

weiterer Leistungen zu. Sie sind vor allem dafür gedacht, Notfälle zu überbrücken und ehrenamtliche Helfer zu entlasten. Nutzen Sie diese Möglichkeiten.

Bei der **Kurzzeitpflege** zieht der Pflegebedürftige vorübergehend in ein Pflegeheim (siehe Seite 38 ff.). Die Pflegeversicherung übernimmt die Pflege- und Betreuungskosten für maximal 28 Tage im Jahr. Der Höchstbetrag liegt bei 1550 Euro. Die Kosten für Unterkunft und Verpflegung sowie die Investitionskosten muss der Versicherte selbst zahlen.

Eine **Ersatz- oder Verhinderungspflege** können Pflegebedürftige in Anspruch nehmen, wenn die Hauptpflegeperson

Tipp

Für die Tages- und Nachtpflege bietet die Pflegeversicherung einen besonderen Bonus. Wer dieses Angebot mit Pflegegeld oder Pflegesachleistung kombiniert, hat insgesamt einen Anspruch auf 150 Prozent der Leistungen. So kann beispielsweise neben dem vollen Pflegegeld noch wenigstens die Hälfte der Leistungen für eine Tagespflege genutzt werden.

Gut zu wissen

Bei der Kombinationsleistung entscheidet der Versicherte selbst, wie viel Prozent des zur Verfügung stehenden Geldes für professionelle Hilfe aufgewendet werden soll. Der Rest wird als Pflegegeld ausgezahlt. Basis für die Berechnung ist der Höchstsatz der jeweiligen Leistung. Ein Beispiel: Einem Pflegebedürftigen mit Pflegestufe I stehen 450 Euro für Pflegesachleistungen und 235 Euro Pflegegeld zu. Er entscheidet sich für 80 Prozent Pflegesachleistungen und 20 Prozent Pflegegeld. Für die Pflegesachleistungen erhält er dann 360 Euro (80 Prozent von 450 Euro). Das Pflegegeld beläuft sich auf 47 Euro (20 Prozent von 235 Euro).

vorübergehend ausfällt und ein Ersatzpfleger bezahlt werden muss.
Während Pflegebedürftigen alle anderen Leistungen der Pflegeversicherung sofort zustehen, gibt es das Geld für Ersatzpflege erst, wenn sie mindestens sechs Monate zu Hause gepflegt wurden. Der Anspruch besteht für maximal

Gut zu wissen

Das Pflege-Neuausrichtungsgesetz sieht vor, dass erstmals auch Demenzkranke in der Pflegestufe 0 Pflegegeld, Pflegesachleistungen und Ersatzpflege in Anspruch nehmen können. Zusätzlich zu den Betreuungsleistungen erhalten sie ab 2013 monatlich ein Pflegegeld von 120 Euro oder Pflegesachleistungen in Höhe von bis zu 225 Euro. Demenzkranke mit Pflegestufe I sollen 70 Euro zusätzlich zu ihrem Pflegegeld bekommen. Der Betrag erhöht sich somit auf 305 Euro. Die Pflegesachleistungen sollen für sie um 215 Euro auf dann 665 Euro steigen.
In der Pflegestufe II bekommen Menschen mit Demenz 85 Euro Pflegegeld zusätzlich und damit insgesamt 525 Euro. Die Pflegesachleistungen steigen um 150 Euro auf bis zu 1250 Euro.

Weitere Leistungen der Pflegeversicherung

Kurzzeitpflege	1550 Euro pro Jahr
Ersatz- und Verhinderungspflege	1550 Euro pro Jahr
Betreuungsleistungen	100/200 Euro je nach Grad der Einschränkung der Alltagskompetenz
Pflegehilfsmittel • zum Verbrauch bestimmte Hilfsmittel • andere Hilfsmittel	• 31 Euro im Monat • Kostenübernahme, Zuzahlungen von 10 %, höchstens 25 Euro pro Hilfsmittel
Maßnahmen zur Wohnumfeldverbesserung	2557 Euro pro Maßnahme

28 Tage im Jahr. Die Pflegekasse zahlt bis zu 1550 Euro.

Menschen mit einem **erheblichen allgemeinen Betreuungsbedarf** haben außerdem Anspruch auf **zusätzliche Betreuungsleistungen.** Voraussetzung ist, dass sie dauerhaft in ihrer Alltagskompetenz eingeschränkt sind. Das ist zum Beispiel der Fall, wenn sie das Gefühl für die Tageszeiten verloren haben, unkontrolliert die Wohnung verlassen oder sich nicht erinnern können, wann sie zuletzt etwas gegessen haben. Die Betroffenen bekommen Betreuungsleistungen in einem Wert von bis zu 100 Euro (Grundbetrag) beziehungsweise 200 Euro (erhöhter Betrag) im Monat. So können Betreuungsangebote finanziert werden, etwa eine Kurzzeit-, Tages- oder Nachtpflege oder eine Tagesbetreuung in einer anerkannten Alzheimergruppe. Der Betroffene erhält entweder eine Rechnung, die er bei seiner Pflegekasse einreichen kann, oder der Betreuungsdienst rechnet direkt mit der Pflegekasse ab. Der Anspruch auf Betreuungsleistungen lässt sich über sechs Monate ansparen und hilft dann zum Beispiel, Betreuungszeiten während des Urlaubs der Pflegeperson zu finanzieren.

Die Pflegekasse übernimmt die Kosten für **Hilfsmittel**, wenn sie die Pflege erleichtern, Beschwerden des Pflegebedürftigen lindern oder ihm helfen, ein selbstständigeres Leben zu führen. Dazu gehören zum Beispiel Pflegebetten, die sich in der Höhe verstellen lassen, Toilettenstühle oder Gehhilfen wie ein Rollator. Ist ein Hilfsmittel medizinisch notwendig, kommen die Krankenkassen für die Kosten auf (siehe Seite 76 ff.). Für zum Verbrauch bestimmte Hilfsmittel wie Vorlagen zahlt die Pflegekasse bis zu 31 Euro im Monat. Bei allen anderen Hilfsmitteln trägt sie die tatsächlich anfallenden Kosten bis auf einen Eigenanteil. Versicherte müssen 10 Prozent der Kosten selbst zahlen, höchstens aber 25 Euro je Hilfsmittel.

Umbauten im Haus (barrierefreies Wohnen) werden von der Pflegekasse bezuschusst, wenn dadurch die häusliche Pflege erheblich erleichtert oder diese überhaupt erst möglich wird. Es besteht aber auch ein Anspruch auf Förderung, wenn der Versicherte nach einem Umbau wieder ein weitgehend selbstständiges Leben führen kann. Für einen Rollstuhlfahrer muss unter Umständen erst ein höhenverstellbarer Waschtisch eingebaut werden, damit er sich selbst waschen kann. Typische Ein- und Umbauten sind Türvergrößerungen, Rampen und

Tipp

In zahlreichen Städten gibt es Wohnberatungsstellen, die sich mit behindertengerechten Umbauten auskennen. Die Mitarbeiter kommen in die Wohnung und können konkrete Tipps geben. Fragen Sie bei Ihrem Pflegestützpunkt nach Ansprechpartnern. Auf der Internetseite der Bundesarbeitsgemeinschaft Wohnungsanpassung finden Sie Adressen von Wohnberatungsstellen: www.wohnungsanpassung-bag.de.

bodengleiche Duschen. Maßnahmen zur Wohnumfeldverbesserung müssen bei der Pflegekasse beantragt werden. Die Kasse zahlt bis zu 2557 Euro pro Gesamtmaßnahme. Gemeint ist zum Beispiel der rollstuhlgerechte Umbau einer Wohnung. Ändert sich die Pflegesituation und werden weitere Umbauten notwendig, können diese erneut von der Pflegekasse bezuschusst werden. Umbauaktionen in einer Mietwohnung muss der Vermieter zuvor genehmigen. Vielleicht beteiligt er sich sogar an den Kosten, da die Wohnung aufgewertet wird.

Gut zu wissen

Bislang erwirbt eine Pflegeperson nur dann Rentenansprüche, wenn sie **einen** Pflegebedürftigen mindestens 14 Stunden pro Woche pflegt. Künftig soll der Anspruch auch dann bestehen, wenn die Stundenzahl durch die Pflege von **mehreren** Pflegebedürftigen erreicht wird. So sieht es das Pflege-Neuausrichtungsgesetz vor, dass 2013 in Kraft treten soll.

Die Gelder der Pflegeversicherung stehen in der Regel dem Pflegebedürftigen selbst zu. Eine Ausnahme sind die **Leistungen zur sozialen Absicherung ehrenamtlicher Pflegepersonen.** Die Pflegekasse zahlt für sie Beiträge in die Renten- und Unfallversicherung ein. Voraussetzung ist, dass die Pflegeperson einen Pflegebedürftigen mit einer Pflegestufe im häuslichen Umfeld versorgt. Als Ehrenamtliche gelten Familienangehörige, aber auch Bekannte, Nachbarn oder sonstige ehrenamtlich Helfende, die ausschließlich Pflegegeld bekommen. Damit die Pflegekasse **Beiträge zur gesetzlichen Rentenversicherung** übernimmt, muss die Pflegeperson den Pflegebedürftigen mindestens 14 Stunden pro Woche versorgen. Grundlage für die Berechnung ist das MDK-Gutachten zur Feststellung der Pflegebedürftigkeit. Ist der Pflegeaufwand größer, zahlt die Pflegekasse höhere Beiträge, der Rentenanspruch steigt. Gleiches gilt bei einer höheren Pflegestufe. Die Pflegekasse prüft, ob die Voraussetzungen erfüllt sind und übernimmt alle Formalitäten wie die An- und Abmeldung beim Rentenversicherungsträger.

Anspruch auf **Unfallversicherungsschutz** haben dagegen auch Personen, die nur gelegentlich pflegen. Der Unfallversicherungsträger zahlt immer dann, wenn der Pflegende bei Pflegetätigkeiten zu Schaden kommt. Auch Wegeunfälle sind versichert, etwa, wenn sich der Pflegende beim Einkauf für den Pflegebedürftigen verletzt. Muss der Pflegende zum Arzt, sollte er dort unbedingt angeben, dass er sich bei der ehrenamtlichen Pflege verletzt hat. Der Arzt leitet dann das weitere Verfahren ein.

Nimmt ein Arbeitnehmer **Pflegezeit**, erstattet die Pflegekasse bei Bedarf den Beitrag zur freiwilligen Krankenversicherung. Außerdem zahlt sie während der Pflegezeit Beiträge zur Arbeitslosenversicherung an die Bundesagentur für Arbeit (siehe Seite 16 ff.).

Tipp

Wer pflegt oder plant, eine Pflege zu übernehmen, kann sich in einem Pflegekurs weiterbilden. Die Kosten trägt die Pflegekasse. Angeboten werden Gruppenkurse oder Schulungen im häuslichen Umfeld (siehe Seite 120).

Wie verläuft eine Begutachtung?

Wichtig!

- Der Gutachter ermittelt den täglichen Pflegebedarf
- Bereiten Sie die Begutachtung vor: Pflegetagebuch führen
- Der Hauptpfleger sollte bei der Begutachtung dabei sein

Es ist eine schwierige Situation: Ein fremder Mensch kommt, um die Fähigkeiten eines Pflegebedürftigen zu beurteilen. Kein Wunder, wenn dieser versucht, sich möglichst gut darzustellen. Es ist aber wichtig, dass sich der Gutachter des Medizinischen Dienstes der Krankenkassen (MDK) ein realistisches Bild des Hilfebedarfs macht, denn von seiner Einschätzung hängt die Pflegestufe ab.

Ob ein Mensch Leistungen der Pflegeversicherung erhält, ergibt sich aus seiner individuellen Situation. Die Pflegekasse darf nicht für bestimmte Krankheiten oder Behinderungen einen pauschalen Pflegebedarf festlegen. Schließlich braucht der eine Mensch mehr Hilfe, der andere weniger. Um das herauszufinden, gibt es die **Begutachtung** durch Ärzte oder Pflegefachkräfte des MDK.

Die Pflegekasse beauftragt den MDK mit dem Gutachten, sobald ihr ein Antrag auf Leistungen der Pflegeversicherung vorliegt. Der Gutachter vereinbart dann mit dem Pflegebedürftigen einen Termin für einen Hausbesuch. Es ist wichtig, dass sich der Gutachter ein Bild von der Wohnsituation macht. So hängt der Hilfebedarf auch von den Lebens-

Gut zu wissen

Neben dem MDK sollen künftig auch unabhängige Gutachter prüfen können, ob eine „erhebliche Pflegebedürftigkeit“ vorliegt. Die Pflegekassen müssen dem Antragsteller drei Gutachter zur Wahl stellen. So sieht es das Pflege-Neuausrichtungsgesetz vor.

Gut zu wissen

Das Begutachtungsverfahren ist bei privat und gesetzlich Krankenversicherten identisch. Der wesentliche Unterschied ist, dass Privatversicherte von Ärzten des Unternehmens Medicproof begutachtet werden und nicht vom MDK.

Tipp

Geben Sie dem Gutachter eine Kopie des Pflegetagebuchs mit. Er muss die Angaben zwar nicht für sein Gutachten übernehmen. Sie können aber eine Hilfe sein und haben außerdem einen hohen Beweiswert. Im Streitfall können Sie einen Widerspruch mit den notierten Zeiten im Pflegetagebuch begründen.

umständen ab, etwa ob die Wohnung im Erdgeschoss oder in oberen Etagen liegt, die nicht per Aufzug zu erreichen sind. Außerdem soll der Gutachter Empfehlungen für Hilfsmittel und Umbauten in der Wohnung geben. Passt Ihnen der angekündigte Termin nicht, können Sie dem Gutachter einen Alternativvorschlag machen.

Es lohnt sich, die Begutachtung vorzubereiten. Der Gutachter bekommt nur einen kurzen Einblick in die Pflegesituation. Daraus muss er den täglichen Pflegebedarf ableiten. Je mehr Informationen Sie ihm geben, desto besser kann er den tatsächlichen Pflegeaufwand einschätzen. Sie sollten alle wichtigen Dokumente bereitlegen, etwa medizinische Befunde oder Bescheide von Versorgungsämtern. Es ist hilfreich, wenn Sie bisherige Krankenhausaufenthalte, regelmäßige Arzt- und Therapie-Termine und verschriebene Medikamente auflisten. Außerdem sollten Sie mindestens eine Woche lang ein **Pflegetagebuch** führen. Vordrucke zum Ausfüllen bekommen Sie bei ihrer Pflegekas-

Gut zu wissen

Der MDK kann nur ausnahmsweise auf einen Hausbesuch verzichten und die Pflegestufe nach Aktenlage beurteilen. Das ist zum Beispiel der Fall, wenn aufgrund der vorliegenden Unterlagen kein Zweifel am Grad der Pflegebedürftigkeit besteht. Liegt der Pflegebedürftige im Krankenhaus und hat einen Eilantrag gestellt, prüft der MDK anhand von Akten, ob eine mindestens erhebliche Pflegebedürftigkeit (Pflegestufe I) vorliegt. Die Begutachtung und Einstufung wird später nachgeholt.

Tipp

Erklären Sie Ihrem Angehörigen vor dem Begutachtungstermin wie wichtig es ist, dass der Gutachter einen realistischen Eindruck vom Pflegealltag bekommt. Sonst kann es passieren, dass der Pflegebedürftige alle Kräfte mobilisiert, um zu zeigen, was er noch alleine erledigen kann. Für die Einstufung in eine Pflegestufe ist das kontraproduktiv. Sprechen Sie im Zweifelsfall unter vier Augen mit dem Gutachter und schildern Sie ihm die Situation. Auf der anderen Seite sollten sie auch nicht versuchen, den Pflegeaufwand größer darzustellen als er ist. Es ist gut möglich, dass der Gutachter dahinter kommt und daraufhin Ihren anderen Darstellungen weniger Glauben schenkt.

se. Sie können sich auch eine Vorlage herunterladen: www.vz-nrw.de/pflegetagebuch. Auf den Vordrucken sind die Katalog-Verrichtungen aufgelistet, die für die Feststellung der Pflegebedürftigkeit wichtig sind. Es kommt nicht darauf an, dass Sie alle Felder korrekt ausfüllen. Viel wichtiger ist, dass der Gutachter einen Eindruck davon bekommt, wie der Pflegealltag abläuft. Versuchen Sie, ihn so gut wie möglich zu beschreiben. Es lohnt sich, auf die Uhr zu schauen, wenn Sie Ihren Angehörigen waschen, kämmen oder ihm beim Anziehen helfen. Nur so bekommen Sie eine realistische Einschätzung davon, wie lange Sie durchschnittlich für die einzelnen Tätigkeiten brauchen. Je genauer Sie die Abläufe beschreiben, desto wahrscheinlicher ist es, dass der Gutachter ihre Einschätzungen berücksichtigt.

Der MDK-Besuch ist häufig von Angst und Nervosität begleitet. Es ist daher gut, wenn die Hauptpflegeperson oder ein naher Angehöriger bei der Begutachtung anwesend ist und den Pflegebedürftigen unterstützt. Sie können dem Gutachter außerdem wichtige Informationen über den Pflegealltag geben.

Üblicherweise befragt der Gutachter den Pflegebedürftigen nach seinem Hilfebedarf und untersucht ihn anschließend. Außerdem sollte er alle für die Pflege wichtigen Räume besichtigen, um Empfehlungen zu sinnvollen Umbauten geben zu können.

Der Gutachter trägt seine Befunde in einen standardisierten Fragebogen ein. Kommt er zu dem Schluss, dass der Pflegebedürftige bei einer bestimmten Tätigkeit Hilfe braucht, muss er abschätzen, wie viel Zeit ein Laienpfleger dafür durchschnittlich benötigt. Dabei ist er verpflichtet, die Wohnsituation zu berücksichtigen, nicht aber, ob der Hauptpflegeperson eine Tätigkeit leicht oder schwer von der Hand geht. Als Orientierung dienen ihm sogenannte Zeitkorridore. Für jede Tätigkeit – mit Ausnahme der hauswirtschaftlichen Versorgung – wird eine Zeitspanne angegeben. Für das Rasieren werden 5 bis 10 Minuten kalkuliert, für eine Ganzkörperwäsche 20 bis 25 Minuten. Kann der Pflegebedürftige sich noch zum Teil selbst waschen, braucht dafür aber Anleitung

Gut zu wissen

Sie haben Anspruch darauf, das Gutachten einzusehen. Nutzen Sie diese Möglichkeit. So erfahren Sie, was der Gutachter zur Unterstützung des Pflegebedürftigen empfiehlt. Das können Therapien, Reha-Maßnahmen, bestimmte Hilfsmittel, aber auch Umbauten in der Wohnung sein. Gesetzlich Versicherte bekommen das Gutachten bei ihrer Pflegekasse. Privatversicherte müssen es über ihren Hausarzt anfordern lassen und können es dort einsehen. Künftig müssen Antragsteller darauf hingewiesen werden, dass sie das Gutachten zugesandt bekommen können. So sieht es das Pflege-Neuausrichtungsgesetz vor, das 2013 in Kraft treten soll.

oder Aufsicht, muss der Gutachter den höheren Zeitaufwand berücksichtigen. Außerdem gibt es Faktoren, die die Pflege erschweren, zum Beispiel hohes Körpergewicht, versteifte Gelenke oder Lähmungen. Auch in diesen Fällen muss der Gutachter mehr Zeit für die Pflege einplanen. Die ermittelten Minutenwerte werden in ein Formular eingetragen und am Ende summiert. Aus diesem Wert errechnet sich die Pflegestufe. Manche Gutachter fordern den Pflegebedürftigen oder seine Angehörigen auf, zu unterschreiben, dass die Zeitangaben auf dem Formular richtig und angemessen sind. Tun Sie das nicht. Sie sollten dem Gutachter höchstens bestätigen, dass er da war. Der MDK-Gutachter prüft außerdem, ob ein erheblicher allgemeiner Betreuungsbedarf besteht. Dafür werden Fähigkeiten in festgelegten Lebensbereichen überprüft. Der tatsächliche Zeitaufwand für Betreuung und Beaufsichtigung ist in diesem Fall unerheblich.

Der MDK leitet das fertige Gutachten an die Pflegekasse weiter. Sie entscheidet, ob ein erheblicher Pflegebedarf vorliegt und damit eine Pflegestufe anerkannt wird.

Ausführliche Informationen finden Sie im Buch „Das Pflegegutachten“ (siehe internetseite www.vz-ratgeber.de).

Wie kann ich Widerspruch einlegen?

Wichtig!

- Schnell Widerspruch einlegen
- Die Begründung darf nachgereicht werden
- Sie können auch eine Höherstufung verlangen

Erkennt die Pflegekasse nicht die gewünschte Pflegestufe an, können Sie gegen diesen Bescheid Widerspruch einlegen. Statistiken zeigen, dass viele Widersprüche Erfolg haben. Sie müssen allerdings begründen können, warum die Entscheidung der Pflegekasse falsch ist. Fordern Sie das Gutachten des MDK an und zeigen Sie es einem Arzt oder einer Pflegefachkraft. Die Fachleute können besser einschätzen, ob das Gutachten Fehler hat.

§

Die Entscheidung der Pflegekasse soll im Regelfall spätestens fünf Wochen nach Antragstellung beim Pflegebedürftigen eingehen. In dem **schriftlichen Bescheid** steht, seit wann eine Pflegebedürftigkeit vorliegt, welche Pflegestufe ermittelt wurde und von welchem Zeitpunkt an Anspruch auf die beantragte Pflegeleistung besteht. Die Pflegekasse kann einen solchen Anspruch grundsätzlich verneinen, wenn sie der Ansicht ist, dass keine erhebliche Pflegebedürftigkeit und kein allgemeiner Betreuungsbedarf vorliegen. Es ist auch möglich, dass die Pflegekasse eine Pflegebedürftigkeit anerkennt, Sie aber von einer höheren Pflegestufe ausgehen. In beiden Fällen können Sie innerhalb von vier Wochen bei der Pflegekasse **schriftlich Widerspruch einlegen.** Absender ist immer der Pflegebedürftige selbst oder sein Bevollmächtigter (siehe Seite 92 ff.). Die Begründung können Sie später nachreichen. Sprechen Sie das MDK-

Gut zu wissen

Weist die Pflegekasse nicht auf die Widerspruchsfrist hin, kann der Bescheid ein Jahr lang angefochten werden.

Tipp

Bei einem möglichen Rechtsstreit müssen Sie nachweisen, dass Sie fristgerecht Widerspruch eingelegt haben. Deshalb sollten Sie den Brief als Einschreiben mit Rückschein verschicken.

Musterschreiben

Widerspruch gegen den Bescheid vom (DATUM)

Sehr geehrte Damen und Herren,

gegen den Bescheid (AKTENZEICHEN) vom (DATUM) lege ich Widerspruch ein. Mit der Ablehnung der Pflegebedürftigkeit/Zuordnung zur Pflegestufe bin ich nicht einverstanden. Die Begründung meines Widerspruchs reiche ich nach.

Bitte senden Sie mir eine Kopie des Gutachtens des Medizinischen Dienstes der Krankenversicherung zu.

Mit freundlichen Grüßen

(UNTERSCHRIFT DER GEPFLEGTEN PERSON)

Gutachten in Ruhe mit einer Pflegefachkraft oder einem Arzt durch. Sie müssen gegenüber der Pflegekasse begründen können, warum es ihrer Ansicht nach die Pflegesituation falsch wiedergibt. Je mehr gute Argumente Sie liefern, desto eher hat Ihr Widerspruch Erfolg. Falls Sie zusätzliche Unterlagen haben, zum Beispiel die Pflegedokumentation eines professionellen Pflegedienstes, sollten Sie diese in Kopie mitschicken.

Die Pflegekasse prüft den Widerspruch zunächst intern. Kommt sie nach Durchsicht des Gutachtens zu keinem neuen Ergebnis, beauftragt sie in der Regel den MDK mit einer Prüfung. Bleibt der trotz der Widerspruchsbegründung bei seinem Ergebnis, wird ein Zweitgutachten erstellt. Ein weiterer Arzt oder eine andere Pflegefachkraft begutachten den Pflegebedürftigen erneut. Die neue Begutachtung muss explizit auf

Gut zu wissen

Auch Privatversicherte können keinen Widerspruch gegen einen ablehnenden Bescheid ihrer Pflegekasse einlegen. Sie müssen sofort vor Gericht klagen, da die privaten Pflegekassen kein internes Widerspruchsverfahren haben. Weisen Sie ihr Versicherungsunternehmen trotzdem vor einer Klage darauf hin, dass Sie mit der Entscheidung nicht einverstanden sind. Häufig sind die Versicherer bereit, ein zweites Gutachten erstellen zu lassen und den Antrag erneut zu prüfen.

die Begründung des Widerspruchs eingehen. Außerdem muss der Gutachter klären, ob sich der Zustand des Pflegebedürftigen seit der letzten Begutachtung verschlechtert hat. Die Pflegekasse gibt dem Widerspruch danach entweder statt und gewährt eine (höhere) Pflegestufe. Oder sie verschickt erneut eine Ablehnung – den **Widerspruchsbescheid.** Gegen diese Ablehnung können Sie vor dem Sozialgericht klagen. Sie haben wiederum einen Monat Zeit, bis die Klageschrift bei Gericht eingegangen sein muss. Das Verfahren kostet Sie nichts. Wenn Sie jedoch einen Anwalt beauftragen oder ein privates Gutachten erstellen lassen und den Prozess verlieren, müssen Sie diese Kosten selbst stemmen.

Welche Kosten trägt die Krankenkasse?

Wichtig!

- Häusliche Krankenpflege wird für vier Wochen bezahlt
- Behandlungspflege gibt es über längere Zeiträume
- Der Arzt muss die Leistungen verschreiben

Für Pflegeleistungen ist in Deutschland in erster Linie die Pflegeversicherung zuständig. Die Krankenkasse zahlt immer dann, wenn die Pflege mit einer medizinischen Behandlung zusammenhängt. Leistungen der Krankenversicherung müssen daher in der Regel vom Arzt verschrieben werden. Im Unterschied zur Pflegekasse übernimmt die Krankenkasse die tatsächlich anfallenden Kosten. Der Patient muss nur einen geringen Betrag zuzahlen.

Die **häusliche Krankenpflege** soll die ärztliche Therapie unterstützen, fortsetzten oder sichern. Sie wird von der Krankenkasse bewilligt, wenn

- eine Krankenhausbehandlung geboten, aber nicht möglich ist oder
- eine Krankenhausbehandlung durch sie verkürzt oder sogar vermieden werden kann.

Dabei spielt es keine Rolle, ob der Versicherte nicht im Krankenhaus behandelt werden kann oder das nicht will. Die häusliche Krankenpflege muss von einem Arzt verschrieben und von der Krankenkasse genehmigt werden. Sie umfasst die Grundpflege, Behandlungspflege und die hauswirtschaftliche Versorgung. Die Krankenkasse

Gut zu wissen

Begriffe wie Grundpflege und Behandlungspflege führen leicht zu Verwechselungen. Die Grundpflege ist in der Regel eine Leistung der Pflegeversicherung (siehe Seite 54). Der Pflegebedürftige bekommt bei alltäglichen Tätigkeiten wie Waschen und Anziehen Hilfe. Die Grundpflege gliedert sich in die Bereiche Körperpflege, Ernährung und Mobilität. Sie darf von angelernten Pflegern übernommen werden. Die Behandlungspflege wird vom Arzt verschrieben und von der Krankenkasse bezahlt. Bei ihr stehen medizinische Tätigkeiten im Vordergrund: Wundversorgung, Verbandswechsel oder die Gabe von Medikamenten. Die Behandlungspflege muss von Fachkräften ausgeführt werden.

übernimmt alle tatsächlich anfallenden Kosten. Der Patient muss jedoch für die ersten 28 Tage im Kalenderjahr, in denen er eine häusliche Krankenpflege bekommt, zehn Prozent der anfallenden Kosten sowie zehn Euro pro Rezept selbst tragen.

Der Anspruch auf häusliche Krankenpflege besteht grundsätzlich höchstens für vier Wochen pro Krankheitsfall. Stellt der Arzt nach dieser Frist eine weitere Erkrankung fest, kann er sie erneut für vier Wochen verschreiben. Ausnahmsweise wird die häusliche Krankenpflege auch länger bezahlt. Voraussetzung ist, dass der MDK eine weitere Krankenpflege für notwendig hält.

Eine **Behandlungspflege** kann der Arzt über einen längeren Zeitraum verschreiben, wenn nur so die ärztliche Behandlung sichergestellt werden kann. Das ist zum Beispiel der Fall, wenn bei einem Patienten regelmäßig Verbände gewechselt werden müssen. Die häusliche Krankenpflege und die Behandlungspflege werden in der Regel von einem Ambulanten Pflegedienst erbracht.

Die Krankenkassen zahlen außerdem für **Hilfsmittel**, die medizinisch notwendig sind. Das heißt, sie müssen der Krankenbehandlung dienen, einer Behinderung vorbeugen oder diese ausgleichen. Für Laien ist es oft schwer zu durchschauen, wann ein Hilfsmit-

Tipp

Zuzahlungen müssen nur bis zu der individuellen Belastungsgrenze geleistet werden. Diese liegt bei zwei Prozent des jährlichen Bruttoeinkommens; schwer chronisch Kranke müssen nur ein Prozent zahlen. Sobald Patienten die Grenze überschreiten, können Sie sich bei ihrer Krankenkasse für das restliche Kalenderjahr von weiteren Zuzahlungen befreien lassen. Dafür müssen sie bei der Kasse die Bescheinigungen aller bisher geleisteten Zuzahlungen einreichen. Wann Ihre Belastungsgrenze erreicht ist, können Versicherte über Zuzahlungsrechner ermitteln. Sie werden von zahlreichen Krankenkassen online angeboten.

Gut zu wissen

Die Krankenkasse zahlt nur für die häusliche Krankenpflege, wenn keine andere im Haushalt lebende Person diese Aufgaben übernimmt. Es ist unerheblich, ob die in Frage kommenden Personen die Pflege nicht ausführen können oder wollen, oder ob der Pflegebedürftige die Übernahme ablehnt. Die Krankenkasse muss nachvollziehbare Gründe akzeptieren und die Kosten tragen.

tel von der Pflegekasse oder von der Krankenkasse bezahlt wird. Sprechen Sie mit Ihrem Arzt oder fragen Sie bei Ihrer Pflegekasse nach. Hilfsmittel der Krankenkasse müssen immer ärztlich verordnet und von der Kasse genehmigt werden. Der Hilfsmittelkatalog gibt Auskunft darüber, welche Utensilien in Frage kommen. Mit entsprechender Begründung bezahlen die Kassen aber auch andere Hilfsmittel. Damit der Pflegebedürftige passend versorgt wird, muss der Arzt auf der Verordnung möglichst genau beschreiben, was gebraucht wird. Es kann sinnvoll sein, zusätzlich einen Pflegedienst einzuschalten. Die Mitarbeiter kennen sich in der Regel gut mit Hilfsmitteln aus.

Für bestimmte Hilfsmittel zahlen die Krankenkassen Festbeträge, dazu gehören zum Beispiel Hörgeräte oder Kompressionsstrümpfe. Außerdem haben die meisten Kassen für einige Hilfsmittel, etwa Inkontinenzhilfen, Versorgungsverträge mit einzelnen Großhändlern geschlossen. Wer ein teureres Hilfsmittel wählt oder ein Sanitätshaus ohne Versorgungsvertrag beauftragt, muss die Differenz zwischen dem Festbetrag und dem tatsächlichen Preis selbst tragen. Bei Hilfsmitteln ohne Festbeträge übernehmen die Krankenkassen nur die Kosten der Standardausführungen. Für mehr Komfort oder Zusatzfunktionen muss der Pflegebedürftige in der Regel selbst aufkommen. Auch Hilfsmittel unterliegen der Zuzahlungspflicht. Patienten müssen zehn Prozent des Preises selbst zahlen, mindestens jedoch fünf und höchstens zehn Euro. Bei zum Verbrauch bestimmten Hilfsmitteln ist die Zuzahlung auf höchstens zehn Euro pro Monatsbedarf begrenzt.

Wie hilft das Sozialamt?

Wichtig!

- „Grundsicherung im Alter“ deckt den Lebensunterhalt
- „Hilfe zur Pflege“ gibt es, wenn Pflege nicht bezahlt werden kann
- Das Sozialamt hilft bei Bedürftigkeit

Manche Menschen haben im Alter Probleme, für ihren Lebensunterhalt aufzukommen. Rente und Vermögen reichen nicht aus, Miete, Essen oder Kleidung zu bezahlen. Sie haben Anspruch auf die „Grundsicherung im Alter". Bei anderen übersteigen die Pflegekosten das eigene Budget. Sie können beim Sozialamt „Hilfe zur Pflege" beantragen.

Die **„Grundsicherung im Alter und bei Erwerbsminderung"** kommt für Menschen in Frage, die die Altersgrenze erreicht haben oder volljährig und dauerhaft voll erwerbsgemindert sind und bei denen eine Bedürftigkeit vorliegt. Die „Grundsicherung im Alter" muss beim Sozialamt beantragt werden. Sie setzt sich aus einem Regelsatz, den durchschnittlichen angemessenen tatsächlichen Kosten für die Warmmiete eines Ein-Personen-Haushaltes und eventuell vorhandenen Mehrbedarfen zusammen. Mit Regelsatz ist ein Pauschalbetrag für Ernährung, Kleidung, Körperpflege und andere Bedürfnisse des täglichen Lebens gemeint. Er wird jährlich überprüft und an die Lohn- und Preisentwicklung angepasst. Seit 2012 liegt der Regelsatz für einen alleinlebenden Erwachsenen bei 374 Euro pro Monat. Die angemessenen Aufwendungen für die Warmmiete legt der zuständige Sozialhilfeträger fest. Von einem Mehrbedarf wird beispielsweise bei gehbehinderten Menschen mit einem Schwerbehindertenausweis ausgegangen. Sie bekommen zusätzliches Geld. Die Summe dieser Beträge ergibt den sogenannten Grundsicherungsbedarf – also den Betrag, den man zum Leben braucht. Wer diesen Betrag nicht

Gut zu wissen

Die Altersgrenze liegt bei Menschen, die vor 1947 geboren wurden, bei 65 Jahren. Bei allen anderen steigt sie stufenweise auf 67 Jahre an. Als dauerhaft voll erwerbsgemindert gelten Personen, die wegen einer Krankheit oder Behinderung auf nicht absehbare Zeit außerstande sind, mindestens drei Stunden täglich erwerbstätig zu sein.

aus eigenen Einkünften oder bestehendem Vermögen decken kann, bekommt das fehlende Geld vom Sozialamt gezahlt. Der Anspruch auf Grundsicherung entfällt, wenn die Kinder oder Eltern des Antragsstellers ein Einkommen von mindestens 100 000 Euro im Jahr haben. Weitere Unterhaltsrückgriffe auf Kinder oder Eltern gibt es nicht.

Tipp

Stellen Sie Anträge auf Unterstützungsleistungen frühzeitig beim Sozialamt. Es zahlt frühestens ab dem Zeitpunkt, an dem es von einer Bedürftigkeit erfährt.

Pflegebedürftige können außerdem **„Hilfe zur Pflege“** beim Sozialamt beantragen. Diese Unterstützungsleistung wird gezahlt, wenn die eigenen finanziellen Mittel und die Leistungen der Kranken- und Pflegeversicherung nicht ausreichen, um eine notwendige Pflege zu finanzieren. „Hilfe zur Pflege“ kann auch von Pflegebedürftigen beansprucht werden, die nach den Kriterien der Pflegeversicherung nicht „in erheblichem Maße“ pflegebedürftig sind und daher keine Leistungen der Pflegekasse erhalten. Die „Hilfe zur Pflege“ stimmt in weiten Teilen mit den Leistungen der Pflegeversicherung überein. Sie deckt allerdings die tatsächlich anfallenden Kosten, während die Pflegekasse nur einen Teil davon übernimmt. Der Unterschied lässt sich gut am Beispiel der vollstationären Pflege zeigen: Die Pflegeversicherung trägt die Pflegekosten bis zum Höchstsatz der jeweiligen Pflegestufe. Darüber hinausgehende Pflegekosten sowie die Belastungen für Unterkunft und Verpflegung muss der Pflegebedürftige selbst tragen. Erhält er „Hilfe zur Pflege“, übernimmt das Sozialamt diese Kosten.

Die „Hilfe zur Pflege“ setzt ebenfalls voraus, dass eine Bedürftigkeit vorliegt. Der Pflegebedürftige muss zunächst sein Einkommen und sein Vermögen einsetzen, um die Kosten der Pflege zu decken. Stellt das Sozialamt fest, dass ein Antragsteller Anspruch auf Sozialhilfe hat, prüft es als nächstes, ob Angehörige unterhaltspflichtig sind und einen Teil der Kosten tragen müssen. In Frage kommen nur Ehepartner und ein-

Gut zu wissen

Zum Einkommen gehören alle Einkünfte wie Arbeitslohn, Renten oder Kapitaleinkünfte. Nur bestimmte zweckgebundene Leistungen sind ausgenommen. Das Sozialamt berücksichtigt bei seinen Berechnungen das bereinigte Einkommen. Vom Bruttoeinkommen werden unter anderem Steuern und Sozialversicherungsbeiträge abgezogen. Zum Vermögen zählt das Ersparte sowie Sachvermögen. Nur ein „Schonvermögen" bleibt unberücksichtigt: zum Beispiel Barbeträge bis zu 2600 Euro und angemessener Hausrat. Wohneigentum wird so lange nicht angerechnet, wie der Pflegebedürftige selbst darin wohnt und angemessen ist.

getragene Lebenspartner, Kinder oder Eltern. Können Unterhaltsansprüche nicht kurzfristig geltend gemacht werden, zahlt das Sozialamt vorläufig die „Hilfe zur Pflege" und stellt sicher, dass der Hilfsbedürftige versorgt ist. Dessen Unterhaltsansprüche gehen auf das Sozialamt über. Den unterhaltspflichtigen Angehörigen steht ein monatlicher Betrag als Eigenbedarf zu. Wie hoch dieser ausfällt, hängt von der Familiensituation ab. Die Angehörigen können außerdem Geld für bestimmte Ausgaben einbehalten, etwa für die private Altersvorsorge. Erst das darüber liegende Einkommen wird zur Deckung des Unterhalts herangezogen. (Mehr Informationen finden Sie im Buch „Elternunterhalt", siehe www.vz-ratgeber.de.)

In Mecklenburg-Vorpommern, Schleswig-Holstein und Nordrhein-Westfalen zahlt das Sozialamt auf Antrag bestimmten Bewohnern stationärer Pflegeeinrichtungen ein **Pflegewohngeld**, ein Zuschuss zu den Investitionskosten (u.a. für den Unterhalt der Gebäude). Anspruch haben Pflegebedürftige mit mindestens Pflegestufe I, die bedürftig sind. Für die Bedürftigkeit ziehen die Bundesländer unterschiedliche Kriterien heran: Mal wird nur das Einkommen des Bewohners berücksichtigt, mal auch sein Vermögen. Erkundigen Sie sich bei Ihrem Heim oder einem Pflegestützpunkt, ob Ihr Verwandter Pflegewohngeld beziehen kann.

Wann gibt's den Schwerbehindertenausweis?

Wichtig!

- Mit dem Ausweis gibt es zahlreiche Vergünstigungen
- Der Ausweis muss beantragt werden
- Voraussetzung ist ein Grad der Behinderung von 50 oder mehr

Schwerbehinderte Menschen haben Anspruch auf Hilfen und Nachteilsausgleiche wie Vergünstigungen bei Bussen und Bahnen oder Steuererleichterungen. Für viele dieser Leistungen benötigen sie einen Schwerbehindertenausweis. Er kann bei der zuständigen Kommunalverwaltung oder beim Versorgungsamt beantragt werden. Voraussetzung ist ein Grad der Behinderung von 50 oder mehr.

Als behindert gelten Menschen, wenn ihre körperliche Funktion, ihre geistige Fähigkeit oder seelische Gesundheit mit hoher Wahrscheinlichkeit länger als sechs Monate von dem für das Lebensalter typischen Zustand abweicht und daher eine Teilhabe am gesellschaftlichen Leben beeinträchtigt ist. Die Auswirkung der Beeinträchtigung wird als **Grad der Behinderung** (GdB) bezeichnet. Der GdB kann zwischen 20 und 100 liegen. Nur Menschen mit einem GdB von 50 oder mehr haben Anspruch auf einen **Schwerbehindertenausweis.** Spezifische Beeinträchtigungen werden mit Merkzeichen auf dem Ausweis eingetragen. Gl steht beispielsweise für gehörlos, Bl für blind und G für erheblich gehbehindert. Schwerbehinderte mit einem GdB von mindestens 50 erhalten einen grünen Ausweis. Liegt zusätzlich eine erhebliche Beeinträchtigung der Bewegungsfähigkeit im Straßenverkehr vor, gibt es einen grün-orangenen Ausweis. Er berechtigt zu kostenlosen oder stark vergünstigten Fahrten im öffentlichen Nahverkehr.

Für das Beantragen dieses Ausweises bei der zuständigen Kommunalverwal-

Gut zu wissen

Menschen mit einem GdB von mindestens 25 aber unter 50 stehen ebenfalls Nachteilsausgleiche zu. Sie können zum Beispiel Steuererleichterungen in Anspruch nehmen. Fragen Sie beim Versorgungsamt oder Ihrer Kreisverwaltung nach, welche Bescheinigungen Ihr Angehöriger benötigt, um die Vergünstigungen zu bekommen.

Gut zu wissen

Der Schwerbehindertenausweis ist bislang aus Papier. Ab 2013 kann er als Plastikkarte im Bankkartenformat ausgestellt werden. Die Papierausweise behalten aber bis zum zeitlichen Ablauf ihre Gültigkeit

Gut zu wissen

Verschiedenen gesundheitlichen Beeinträchtigungen sind GdB-Werte zugeordnet. Bei Muskelschwäche mit geringen Auswirkungen wird zum Beispiel von einem GdB von 20 bis 40 ausgegangen, bei Gleichgewichtsstörungen mit Sturzneigung bei alltäglichen Belastungen von einem GdB von 30 bis 40. Leidet eine Person an mehreren Beeinträchtigungen, werden die jeweiligen GdB nicht einfach addiert. Entscheidend ist, wie sich die einzelnen Funktionsbeeinträchtigungen zueinander auswirken.

tung oder beim Versorgungsamt genügt ein formloses Schreiben. Das Versorgungsamt schickt dann ein Antragsformular zu. Entsprechende Formulare gibt es auch bei den örtlichen Fürsorgestellen, den Sozialämtern, Bürgerbüros und bei Behindertenverbänden. Einige Bundesländer, etwa Bayern und Niedersachsen, bieten die Möglichkeit, den Antrag online zu stellen. Reichen Sie mit dem Antrag alle relevanten ärztlichen Unterlagen Ihres Angehörigen ein. Das können Arzt- und Krankenhausberichte sein, aber auch das Gutachten des MDK. Fehlende Unterlagen fordert das Versorgungsamt direkt bei den behandelnden Ärzten an. Manche Ärzte verschicken solche Unterlagen nur zögerlich. Es ist daher sinnvoll, einige Zeit nach der Antragstellung beim Arzt anzufragen, ob das Versorgungsamt um Krankenunterlagen gebeten hat und ob diese bereits verschickt wurden. Auf Basis dieser Informationen ermittelt das Amt den GdB. Nur in Ausnahmefällen ist eine weitere ärztliche Untersuchung notwendig.

Der Schwerbehindertenausweis wird für maximal fünf Jahre ausgestellt und kann zweimal verlängert werden. Dafür ist kein erneutes ärztliches Gutachten erforderlich. Wer einen Ausweis hat, ist jedoch dazu verpflichtet dem Versorgungsamt mitzuteilen, wenn sich sein Gesundheitszustand wesentlich verbessert oder verschlechtert.
Welche Vergünstigungen und Nachteilsausgleiche Schwerbehinderten zustehen, erfahren Sie beim Versorgungsamt. Dazu gehören unter anderem Steuervergünstigungen und Versicherungsermäßigungen, Kündigungsschutz und Zusatzurlaub.

Und noch ein Lesetipp: Das Buch „Behinderung“ bietet unter anderem ausführliche Informationen zum Schwerbehindertenausweis (siehe www.vz-ratgeber.de).

Tipp

Schwerbehinderte, die außergewöhnlich gehbehindert (Merkzeichen aG) oder blind (Bl) sind, können beim Straßenverkehrsamt einen blauen Parkausweis erhalten. Damit dürfen sie unter anderem auf Parkplätzen für Rollstuhlfahrer oder bis zu drei Stunden im eingeschränkten Halteverbot parken. Auf Parkplätzen mit Parkscheinautomaten können sie ihr Auto kostenlos abstellen.

Was regelt die Patienten-verfügung?

Wichtig!

- Ihr Angehöriger legt seine Behandlungswünsche fest
- Vor dem Abfassen mit dem Arzt sprechen
- Die Patientenverfügung regelmäßig aktualisieren

Mit einer Patientenverfügung nehmen Menschen Einfluss auf ihre medizinische Behandlung. Das ist für Situationen wichtig, in denen sie sich nicht mehr äußern können, der Arzt aber eine Entscheidung treffen muss. Seit 2009 gelten Patientenverfügungen auch für Situationen, in denen der Tod nicht unmittelbar bevorsteht, etwa beim Wachkoma. Wer eine Patientenverfügung erstellt, trifft also weitreichende Entscheidungen. Deshalb ist es wichtig, sich vor dem Abfassen von einem Arzt beraten zu lassen.

In der Patientenverfügung legt Ihr Angehöriger zum einen fest, ob eine medizinische Maßnahme erfolgen soll oder nicht. Das kann eine Bluttransfusion sein oder die Wiederbelebung nach einem Herzstillstand. Zum anderen erklärt er, ob und unter welchen Bedingungen er lebenserhaltende Maßnahmen wünscht. In Deutschland ist die aktive Sterbehilfe gesetzlich verboten. Kein Arzt darf einem Patienten eine Giftspritze verabreichen, selbst wenn er noch so sehr darum bittet. Er darf aber eine Behandlung abbrechen, indem er lebenserhaltende Maßnahmen wie eine künstliche Ernährung unterlässt oder ein Beatmungsgerät abschaltet. Grundsätzlich muss sich der Arzt an den Patientenwillen halten. Er kann ihn aber in Frage stellen, wenn in der Patientenverfügung Behandlungssituationen nur vage beschrieben sind oder wenn die Verfügung alt ist und dem Arzt Anzeichen vorliegen, dass der Patient seinen Willen geändert haben könnte. Dann müssen der Arzt und ein Bevollmächtigter oder gesetzlicher Betreuer versuchen, den mutmaßlichen Patientenwillen zu ermitteln. Je detaillierter ein Patient seine Wünsche und Vorstellun-

Gut zu wissen

Es ist sinnvoll, die Patientenverfügung um eine Vorsorgevollmacht und eine Betreuungsverfügung (siehe Seite 92 ff. und 98 ff.) zu ergänzen. Nur so kann Ihr Angehöriger sichergehen, dass eine Person seines Vertrauens in seinem Namen Entscheidungen trifft.

gen darlegt, desto eher wird sich der Arzt danach richten.

Es ist wichtig, dass die Patientenverfügung regelmäßig an die **aktuelle Situation** angepasst wird. Benötigt Ihr Angehöriger aufgrund einer Krankheit plötzlich Pflege, sollte er eine früher verfasste Patientenverfügung anpassen. Hat er noch keine Verfügung, ist es Zeit, sie jetzt zu erstellen. Es empfiehlt sich, zunächst mit dem behandelnden Arzt zu sprechen, wie sich die Krankheit voraussichtlich entwickeln wird, welche Behandlungen in Frage kommen und welche Nebenwirkungen und Grenzen diese haben. Auf Basis dieser Informationen sollte Ihr Angehöriger möglichst detailliert darlegen, für welche Situationen die Patientenverfügung gilt. Welche Therapien wünscht er? Welche lehnt er ab? Wie lange kann er sich eine bestimmte Therapie vorstellen und unter welchen Bedingungen soll sie abgebrochen werden? Diese Entscheidungen sind nicht endgültig. Die Patientenverfügung kann jederzeit geändert werden. Für den Arzt gilt der geäußerte Wille. Ihr Angehöriger hat jederzeit die Möglichkeit, ihm mündlich oder durch Gesten mitzuteilen, wenn er mit einer Behandlung nicht einverstanden ist. Die Patientenverfügung kann nur von Volljährigen

Tipp

Der Arzt sollte sich Zeit für das Gespräch nehmen. Bitten Sie ihn um einen Termin und sagen Sie, dass Ihr Angehöriger eine Patientenverfügung erstellen möchte. Möglicherweise rechnet der Arzt das Beratungsgespräch privat ab. Fragen Sie vorher, was es kosten wird.

Tipp

Textbausteine erleichtern es, die eigenen Wünsche auszudrücken. Das Buch „Patientenverfügung“ (siehe www.vz-ratgeber.de) bietet solche Formulierungshilfen. Er enthält auch eine Liste mit Fragen, die helfen, die persönlichen Vorstellungen zu ermitteln.

Gut zu wissen

Hat Ihr Angehöriger vor dem Verfassen der Patientenverfügung ärztlichen Rat eingeholt, sollte er sich das bescheinigen lassen. Damit steigt die Chance, dass die Patientenverfügung später anerkannt wird.

erstellt werden und muss **schriftlich** vorliegen. Es ist egal, ob sie handschriftlich oder mit dem Computer erstellt wird. Musterverfügungen und Listen mit Ja- und Nein-Kästchen sind allerdings problematisch. Sie geben kaum Raum, um auf die individuelle Situation einzugehen. Deshalb werden sie eher angezweifelt als selbst verfasste Verfügungen. Die Patientenverfügung muss mit Angabe von Ort und Datum unterschrieben werden.

Es gibt keine Vorgabe, wie häufig die Verfügung aktualisiert werden muss. Doch auch hier gilt: Je glaubwürdiger es für den Arzt ist, dass sie dem derzeitigen Willen eines Patienten entspricht, desto eher wird er sich nach ihr richten. Bei einer mehrere Jahre alten Patientenverfügung können daran Zweifel bestehen. Das gilt insbesondere dann, wenn sich der Gesundheitszustand in der Zwischenzeit erheblich verändert hat. Es ist daher sinnvoll, die Verfügung alle zwei oder drei Jahre zu aktualisieren. Ihr Angehöriger muss sie nicht jedes Mal neu aufsetzen. Er kann Änderungen in den bestehenden Text einfügen und mit erneuter Unterschrift sowie Datum versehen. Soll alles bleiben wie es ist, reicht es, wenn er mit dem aktuellen Datum unterschreibt.

Das Original der Patientenverfügung muss im Notfall **schnell auffindbar** sein. Deshalb ist es ratsam, einen Hinweis zu den persönlichen Unterlagen zu legen, wo die Verfügung aufbewahrt wird. Verschiedene Organisationen bieten an, Patientenverfügungen in einem Archiv zu hinterlegen. Falls sich Ihr Angehöriger dafür entscheidet, sollten Sie sicherstellen, dass der Arzt die Originalverfügung auch am Wochenende innerhalb von 24 Stunden zum Beispiel über eine Datenbank einsehen kann.

Wozu dient eine Vorsorgevollmacht?

Wichtig!

- In der Vollmachtsteht, wer die Angelegenheiten regelt
- Die Vollmacht sollte aus zwei Dokumenten bestehen
- Mustervordrucke helfen beim Verfassen

Kann sich ein Mensch nicht mehr selbst um seine Angelegenheiten kümmern, muss eine andere Person diese Aufgaben übernehmen. Das darf sie aber nicht automatisch. Sie muss dafür bevollmächtigt sein. Dazu dient die Vorsorgevollmacht. Im Gegensatz zu einer normalen Vollmacht tritt sie erst dann in Kraft, wenn bestimmte Umstände, die der Verfasser vorher festgelegt hat, eingetreten sind. Häufig kann die Vorsorgevollmacht eine gesetzliche Betreuung ersetzen.

Gut zu wissen

Ist der Vollmachtgeber nicht in der Lage, die Vorsorgevollmacht selbst zu unterschreiben, kann er seinen Willen von einem Notar beurkunden lassen. Dann unterschreibt an seiner Stelle ein Zeuge, was auf der Urkunde vermerkt wird.

Tipp

Eine Vorsorgevollmacht setzt absolutes Vertrauen voraus. Fehlt dieses Vertrauen, ist es möglicherweise sinnvoller, eine Betreuungsverfügung (siehe Seite 98 ff.) zu erstellen. Der Betreuer wird im Gegensatz zum Bevollmächtigten vom Betreuungsgericht kontrolliert.

Ist ihr Angehöriger plötzlich auf Pflege angewiesen, benötigt er höchstwahrscheinlich auch in anderen Lebensbereichen Hilfe, etwa bei der Regelung seiner finanziellen Angelegenheiten. Es ist wichtig zu klären, wer diese Hilfe leisten darf. Hat er bereits eine **Vorsorgevollmacht** verfasst, kann der Bevollmächtigte sofort in seinem Namen handeln und zum Beispiel Anträge stellen oder einen Pflegedienst beauftragen. Existiert noch keine Vollmacht, sollte er möglichst bald eine aufsetzen. Sonst kann es passieren, dass das Betreuungsgericht einen gesetzlichen Betreuer bestimmt (siehe Seite 99 ff.).

Eine Vorsorgevollmacht ist Vertrauenssache. Ihr Angehöriger sollte in Ruhe überlegen, wen er als **Bevollmächtig-**

Tipp

Bevollmächtigte haben einen verantwortungsvollen Job. Falls Sie gefragt werden, ob Sie diese Aufgabe übernehmen, sollten Sie in Ruhe darüber nachdenken. Klären Sie vorher, ob Sie zeitlich und fachlich in der Lage sind, die Anforderungen zu erfüllen. Falls Sie daran Zweifel haben, sollten Sie mit dem Vollmachtgeber über Alternativen sprechen und die Vollmacht nicht unterschreiben.

ten einsetzen möchte. Das kann ein Verwandter sein, aber auch ein guter Freund. Das Gesetz schreibt lediglich vor, dass der Bevollmächtigte volljährig und wenigstens beschränkt geschäftsfähig sein muss. Es ist möglich, mehrere Personen zu benennen und Aufgaben zu verteilen: Dann kümmert sich ein Bevollmächtigter zum Beispiel um Geldangelegenheiten, ein anderer um die medizinische Versorgung.

Die Vorsorgevollmacht muss schriftlich verfasst werden. Die **Gerichte erkennen Mustervordrucke an,** sofern sie den gesetzlichen Bestimmungen entsprechen. Es ist sinnvoll, einen Vordruck zu wählen der Raum für Ergänzungen lässt. Je individueller Ihr Angehöriger die Vollmacht gestaltet, desto glaubwürdiger ist sie. Der Bevollmächtigte muss mit Namen, Geburtsdatum und seiner Adresse und Telefonnummer benannt werden. Vollmachtgeber und Bevollmächtigter müssen unterschreiben. Die Unterschriften können gegen eine geringe Gebühr bei der örtlichen Betreuungsbehörde beglaubigt werden. Notwendig ist das aber nicht. Ist ihr Angehöriger pflegebedürftig, kann es jedoch sinnvoll sein, dass er sich seine Geschäftsfähigkeit gegen eine relativ geringe Gebühr von einem Notar bestätigen lässt. Das beugt möglichen späteren Streitigkeiten vor.

Die Vorsorgevollmacht besteht idealerweise aus **zwei Schriftstücken:** Der eigentlichen Vorsorgevollmacht und einem Vertrag mit dem Bevollmächtigten. Die Vorsorgevollmacht sollte sofort gegenüber Dritten gültig sein und zur Vertretung in allen finanziellen, rechtlichen

Tipp

Falls Ihr Angehöriger Sorge hat, dass der Bevollmächtigte vorzeitig tätig wird, kann er die Vorsorgevollmacht einer dritten Person aushändigen. Mit dieser vereinbart er, unter welchen Umständen die Originalvollmacht an den Bevollmächtigten ausgehändigt werden darf. Dieses Vorgehen birgt allerdings die Gefahr, dass der Bevollmächtigte im Notfall erst verspätet handeln kann. Falls Ihr Angehöriger Angst vor Missbrauch hat, sollte er grundsätzlich überlegen, ob er die richtige Person als Bevollmächtigten ausgewählt hat.

und persönlichen Angelegenheiten berechtigen. Im Vertrag mit dem Bevollmächtigten kann dann festgelegt werden, unter welchen Bedingungen dieser tätig werden darf. Dieses Vorgehen ist sinnvoll, damit der Bevollmächtigte im Notfall sofort handeln kann, ohne gegenüber Dritten mühsam nachweisen zu müssen, dass die Bedingungen tatsächlich erfüllt sind.

Gut zu wissen

Viele Banken erkennen Vorsorgevollmachten nicht an. Sprechen Sie mit der Bank Ihres Angehörigen und lassen Sie Ihn gegebenenfalls eine gesonderte Bankenvollmacht ausfüllen. Sonst kann es Probleme geben, über sein Konto zu verfügen. Außerdem ist es sinnvoll, eine Postvollmacht zu erstellen. Der Bevollmächtigte muss dann nicht immer die komplette Vorsorgevollmacht bei der Post vorlegen.

In der **Vollmacht nach außen** sollten bestimmte Bereiche abgedeckt sein. Wichtig ist, dass Ärzte gegenüber dem Bevollmächtigten von ihrer Schweigepflicht entbunden sind. Sonst dürfen sie ihn nicht über den Gesundheitszustand des Vollmachtgebers informieren. Soll der Bevollmächtigte über schwerwiegende medizinische Eingriffe oder sogar den Abbruch lebensverlängernder Maßnahmen entscheiden, muss das explizit in der Vollmacht stehen. Gleiches gilt, wenn der Bevollmächtigte über den Aufenthaltsort und den Einsatz freiheitsentziehender Maßnahmen bestimmen soll.

Dem Bevollmächtigten sollte erlaubt sein, anderen Personen Untervollmachten zu erteilen. Er ist dann in der Lage, Aufgaben an Dritte zu delegieren. Das kann ihm die Arbeit erleichtern. Wichtig ist außerdem, die **Haftung** zu regeln. Grundsätzlich ist der Bevollmächtigte umfänglich haftbar, das heißt, auch bei leichter Fahrlässigkeit. Für den Bevollmächtigten bedeutet das ein hohes Risiko. Es ist daher ratsam, ihn nur für vorsätzliche Handlungen und grobe Fahrlässigkeit haften zu lassen.

Die Vollmacht sollte über den Tod hinaus gelten. Denn Erben dürfen erst tätig werden, wenn sie ein Testament oder einen Erbschein vorlegen können. Häufig müssen aber schon vorher wichtige Aufgaben erledigt werden, etwa die Kündigung der Wohnung des Verstorbenen.

Da der Bevollmächtigte für viele Handlungen die Originalvollmacht vorlegen muss, sollte er gleich mehrere unterschriebene Exemplare ausgehändigt bekommen.

Im **Vertrag mit dem Bevollmächtigten** legt Ihr Angehöriger fest, unter welchen Bedingungen die Vorsorgevollmacht gelten soll. Er kann eine allgemeine Formulierung wählen wie „ab dem Zeitpunkt, an dem ich mich nicht mehr selbst um meine Angelegenheiten kümmern kann“ oder eine konkrete Situation beschreiben. Außerdem kann er

Gut zu wissen

Die Bundesnotarkammer bietet die Möglichkeit, Vorsorgevollmachten in einem elektronischen Register erfassen zu lassen. Die Betreuungsgerichte können über das Internet auf dieses Register zugreifen. Verpflichtet sind sie dazu nicht. Trotz Registrierung kann man daher nicht sicher sein, dass das Gericht von der Vorsorgevollmacht erfährt. Ihr Angehöriger sollte deshalb an einem gut auffindbaren Ort hinterlegen, dass eine Vorsorgevollmacht existiert.

festlegen, welche Aufgaben der Bevollmächtigte übernehmen soll und Anweisungen zur Umsetzung geben. Denkbar ist zum Beispiel, dass er seine Wünsche für die weitere Pflege festhält oder aufschreibt, was mit seinen Gegenständen passieren soll, falls der Haushalt aufgelöst werden muss. Der Vertrag sollte schriftlich verfasst und vom Vollmachtgeber und vom Bevollmächtigten unterschrieben werden. Beide erhalten ein unterzeichnetes Exemplar.

Ihr Angehöriger kann die Vollmacht und den Vertrag jederzeit ergänzen oder ändern. Kleinere Korrekturen lassen sich in die Originalversionen einfügen. Bei größeren Änderungen sollte er eine neue Vollmacht aufsetzen. Anders als bei der Patientenverfügung muss er die Vorsorgevollmacht nicht regelmäßig neu unterschreiben. Auch ältere Vollmachten werden anerkannt.

Wenn Sie mehr über Vorsorgevollmachten wissen möchten, ist hier ein Buchtipp: „Patientenverfügung“ (siehe www.vz-ratgeber.de)

Was nützt eine Betreuungs-verfügung?

Wichtig!

- Diese Verfügung legt den gesetzlichen Betreuer fest
- Der Betreuer regelt die persönlichen Angelegenheiten
- Die Betreuung wird vom Gericht angeordnet

Früher wurden Menschen „entmündigt“, wenn sie sich nicht mehr um ihre Angelegenheiten kümmern konnten. Heute bekommen sie einen gesetzlichen Betreuer an die Seite gestellt. Er handelt in ihrem Namen, ist aber verpflichtet, sich nach ihrem mutmaßlichen Willen zu richten. Ein Betreuer wird vom Betreuungsgericht eingesetzt, wenn es keine gültige Vollmacht gibt. Wer eine Vorsorgevollmacht verfasst hat, muss sich meistens keine Gedanken um die Betreuung machen. Trotzdem ist es sinnvoll, eine Betreuungsverfügung aufzusetzen.

§

Eine **Betreuung** wird immer vom Gericht angeordnet. Sie ist notwendig, wenn ein Mensch aufgrund einer Krankheit oder einer Behinderung seine Angelegenheiten ganz oder teilweise nicht selbst besorgen kann und kein Bevollmächtigter für ihn tätig wird. Das Gericht muss die Betreuung auf die Bereiche beschränken, die diese Person selbst nicht regeln kann und für die aktuell Handlungsbedarf besteht. Denkbar ist zum Beispiel, dass sie sich nicht mehr selbst um ihre Vermögensangelegenheiten kümmern kann, sehr wohl aber um die medizinische Behandlung. Dann erstreckt sich die Betreuung nur auf das Finanzielle. Ziel ist, die Selbstbestimmung des Betreuten so weit wie möglich zu erhalten.

In einer Betreuungsverfügung legt Ihr Angehöriger fest, wen er als **Betreuer** einsetzen möchte. Häufig ist das der Bevollmächtigte. Es ist sinnvoll, zusätzlich einen Ersatzbetreuer zu bestim-

Gut zu wissen

Ehrenamtlich Betreuer haben Anspruch auf eine Aufwandsentschädigung von jährlich 323 Euro. Sie können den pauschalen Betrag wählen oder sich ihre tatsächlich anfallenden Kosten, etwa für Fahrten, erstatten lassen. Berufsbetreuern werden nach gesetzlich festgelegten Stundensätzen vergütet. Die Kosten trägt der Betreute, bei Bedarf springt die Staatskasse ein.

men, falls der Wunschbetreuer ausfällt. Liegt keine Betreuungsverfügung vor, wählt das Betreuungsgericht eine geeignete Person aus. Meistens ist das ein Familienmitglied. Kann kein Angehöriger die Aufgabe übernehmen, setzt das Gericht einen Mitarbeiter von einem Betreuungsverein oder einen freien Berufsbetreuer ein.

§

Neben der Person des Betreuers kann Ihr Angehöriger in der Verfügung auch festlegen, **was in welcher Form geregelt werden soll.** Er kann zum Beispiel aufschreiben, in welches Pflegeheim er bei Bedarf einziehen möchte oder welche ärztlichen Behandlungen für ihn in Frage kommen. Das ist aber nur dann sinnvoll, wenn keine Patientenverfügung und keine Vorsorgevollmacht vorliegen, in denen solche Details bereits geregelt sind. Der Betreuer ist verpflichtet, sich so weit wie möglich an den Wünschen des Betreuten zu orientieren. Er muss versuchen, dessen mutmaßlichen Willen anhand vorliegender Unterlagen und Informationen herauszufinden.

Der Betreuer unterliegt einer stärkeren **Kontrolle** als ein Bevollmächtigter. Einmal im Jahr ist er verpflichtet, das Betreuungsgericht über die Lebenssituation des Betreuten zu informieren. Bei dieser Gelegenheit muss er erklären, was er in dessen Sinne erledigt hat. Außerdem muss er eine Einschätzung abgeben, ob eine weitere Betreuung notwendig ist. Für bestimmte Entscheidungen benötigt der Betreuer eine Genehmigung des Gerichts. Das ist zum Beispiel der Fall, wenn er die Wohnung des Betreuten auflösen will oder freiheitsbeschränkede Maßnahmen – etwa Bettgitter – eingesetzt werden sollen. Der Betreuer ist gegenüber dem Betreuten haftbar und sollte daher alle Unterlagen über Finanzangelegenheiten sorgfältig aufbewahren.

Tipp

Wenn Ihr Angehöriger eine Vorsorgevollmacht und eine Patientenverfügung hat, sollte er in der Betreuungsverfügung darauf verweisen.

Gut zu wissen

Engagiert sich ein Angehöriger als Betreuer, kann das Gericht die Intervalle zwischen den Berichten auf bis zu drei Jahre verlängern.

Die Betreuungsverfügung muss schriftlich verfasst sein. **Vordrucke zum Ausfüllen** werden anerkannt. Der Verfasser muss die Verfügung mit Ort und Datum unterzeichnen. Wenn möglich, sollte auch der Wunschbetreuer unterschreiben. In manchen Bundesländern besteht die Möglichkeit, Betreuungsverfügungen beim Betreuungsgericht zu hinterlegen. Fragen Sie beim Amtsgericht nach. Sie können die Verfügung außerdem in den Registern der Bundesnotarkammer oder der Deutschen Verfügungszentrale erfassen lassen. Dann haben die Gerichte elektronisch Zugriff auf den Inhalt. Die Betreuungsverfügung kann jederzeit widerrufen werden. Dafür muss Ihr Angehöriger lediglich das Original vernichten.

Was müssen Bevollmächtigte als Erstes tun?

Wichtig!

- Lesen Sie die Vorsorgevollmacht gründlich durch
- Erstellen Sie eine Finanzübersicht
- Rat und Hilfe geben Betreuungsvereine

Zwischen der Unterschrift unter eine Vorsorgevollmacht und dem Inkrafttreten verstreichen häufig Jahre. Wenn Sie plötzlich als Bevollmächtigter tätig werden müssen, sollten Sie die Vorsorgevollmacht zuerst noch einmal gründlich lesen. Nur so wissen Sie, in welchen Bereichen Sie tätig werden dürfen. Es ist sinnvoll, sich frühzeitig beraten zu lassen. Hilfe geben Betreuungsvereine.

Als Bevollmächtigter kann es Ihnen passieren, dass Sie sich von heute auf morgen um die Angelegenheiten eines anderen Menschen kümmern müssen. Wahrscheinlich fühlen Sie sich im ersten Moment überfordert und wissen nicht, wo Sie anfangen sollen. Suchen Sie die Vollmacht heraus und **lesen Sie nach,** was Sie darin vereinbart haben. Bei dieser Gelegenheit sollten Sie gleich mehrere Kopien anfertigen. Denn für viele Rechtsgeschäfte reicht es aus, wenn Sie eine Kopie der Vorsorgevollmacht vorlegen. Wichtig ist, dass Sie möglichst bald eine Haftpflichtversicherung abschließen oder eine bestehende Police prüfen und ergänzen. Die Versicherung sollte Personen- und Vermögensschäden, die in Ihrer Tätigkeit als Bevollmächtigter entstehen können, umfassend abdecken.

Als Bevollmächtigter haben Sie eine verantwortungsvolle Aufgabe mit weitreichenden Pflichten. Sie müssen stets versuchen, im Sinne des Vollmachtgebers zu entscheiden. Das ist nicht immer einfach. Deshalb ist es sinnvoll, sich **frühzeitig Hilfe** zu holen. Gute Ansprechpartner sind die **Betreuungsvereine.** Die Mitarbeiter können Ihnen zum Beispiel erklären, worum Sie sich in den ersten Wochen kümmern müssen und welche Vorgaben zu beachten sind. Betreuungsvereine stehen im Telefonbuch. Sie können sich auch an das Betreuungsgericht beim Amtsgericht wenden und dort nach einem Verein in der Nähe fragen.

Am Anfang ist es wichtig, dass Sie einen **Überblick** über die gesundheitliche und finanzielle Situation des Vollmachtgebers bekommen. Da Ärzte der Schweigepflicht unterliegen, müssen Sie dem behandelnden Arzt die Vorsorgevollmacht zeigen, damit Sie Auskunft über den Gesundheitszustand und mögliche Therapien bekommen. Kann Ihr Angehöriger nicht mehr selbst über Behandlungen entscheiden, müssen Sie das für Ihn übernehmen.

Genauso wichtig ist es, eine Übersicht über alle Konten und Vermögenswerte zu erstellen. Welche Versicherungen bestehen? Auch das sollten Sie aufschreiben. Nur so wissen Sie, wie viel Geld zur Verfügung steht.

Tipp

Sie können mit dem Vollmachtgeber eine Umkehr der Beweislast vereinbaren: Dann muss er nachweisen, dass Sie sich als Bevollmächtigter falsch verhalten haben.

Benötigt Ihr Angehöriger dauerhaft Pflege, sollten Sie so schnell wie möglich einen Antrag auf Leistungen der Pflegeversicherung stellen (siehe Seite 6 ff.).

Als Bevollmächtigter sind Sie verpflichtet, dem Vollmachtgeber jederzeit **Auskunft über ihr Handeln** zu geben und auch im Nachhinein Rechenschaft abzulegen. Das bedeutet in der Praxis, dass Sie alle Rechnungen und Kontoauszüge aufbewahren und dem Vollmachtgeber auf Wunsch aushändigen müssen. Als Bevollmächtigter sind Sie für ihr Handeln haftbar. Kommen Sie Ihren Pflichten nicht nach – etwa, weil Sie es nicht besser wussten – hat der Vollmachtgeber **Anspruch auf Schadenersatz.** Im Streitfall müssen Sie ihm nachweisen, dass Sie nichts falsch gemacht haben. Zwischen Vollmachtgeber und Bevollmächtigtem gibt es allerdings selten Probleme. Die treten meistens erst auf, wenn im Todesfall die Rechte des Vollmachtgebers auf seine Erben übergehen. Das ist häufig der Zeitpunkt, an dem das Handeln des Bevollmächtigten in Zweifel gezogen wird. Deshalb sollten Sie als Bevollmächtigter von Beginn an alle **wichtigen Entscheidungen schriftlich dokumentieren.** Führen Sie gegebenenfalls ein Haushaltsbuch und erstellen Sie regelmäßig eine Übersicht über Ein- und Ausgänge des Kontos des Bevollmächtigten. Alle Unterlagen, die Sie bekommen oder versenden, sollten

Sie zur Sicherheit kopieren. Falls möglich, sollten Sie sich in regelmäßigen Abständen vom Vollmachtgeber bestätigen lassen, dass Sie die Aufgaben in seinem Sinne erfüllen.

Gibt es Streit oder haben Sie den Eindruck, dass Ihnen die Aufgabe über den Kopf wächst, sollten Sie mit dem Vollmachtgeber darüber sprechen. Finden Sie keine Lösung, können Sie **von Ihrer Aufgabe als Bevollmächtigter zurücktreten.** Dazu müssen Sie die Vorsorgevollmacht zurückgeben und alle weiteren Vereinbarungen mit dem Vollmachtgeber kündigen. Die Kündigung ist allerdings nur wirksam, wenn der Vollmachtgeber sie zur Kenntnis nehmen und entsprechend handeln kann. Ist er dazu nicht in der Lage, bleibt Ihnen nur der Gang vor das Betreuungsgericht, damit ein gesetzlicher Betreuer eingesetzt wird. Weitere Informationen für Bevollmächtigte stehen im Ratgeber „Patientenverfügung" (siehe www.vz-ratgeber.de).

Wie finde ich einen guten Pflegedienst?

Wichtig!

- Vor der Auswahl den tatsächlichen Hilfebedarf prüfen
- Was die Pflege kostet, ist genau festgelegt
- Achten Sie auf die Ausbildung der Pfleger

Ambulante Pflegedienste übernehmen die professionelle Pflege. Sie sind eine wichtige Unterstützung, um den Pflegealltag zu bewältigen. Die Auswahl an Pflegediensten ist groß. Falls Sie dringend Unterstützung brauchen, können Sie beruhigt den Pflegedienst engagieren, den Sie als erstes erreichen. Sollten Sie nicht zufrieden sein, können Sie fristlos kündigen und zu einem anderen Dienst wechseln.

Haben Sie mehr Zeit für die Auswahl, lohnt es sich, **verschiedene Anbieter zu vergleichen**. Das ist leichter, wenn Sie sich vorher überlegen, bei welchen Pflegetätigkeiten Hilfe nötig ist und was Sie selbst übernehmen können. Denn jede Verrichtung, die Sie buchen, kostet Geld. Der zur Verfügung stehende Betrag der Pflegeversicherung, die Pflegesachleistung, ist schnell ausgeschöpft. Alle darüber hinausgehenden Kosten muss der Pflegebedürftige aus eigener Tasche bezahlen.

Tipp

Die AOK stellt einen Pflegenavigator zur Verfügung: www.aok-pflegedienstnavigator.de/; der vdek – Verband der Ersatzkassen einen Pflegelotsen: www.pflegelotse.de; und die Knappschaft den Pflegekompass: www.der-pflegekompass.de. Die Betriebskrankenkassen bieten einen PflegeFinder an: www.bkk-pflegefinder.de/. Neben ambulanten Pflegediensten lassen sich auf diesen Portalen auch stationäre und teilstationäre Einrichtungen suchen.

Die Pflegekassen bieten im Internet Datenbanken an, über die sich Pflegedienste am Ort suchen lassen. Außerdem müssen die Pflegekassen ihren Versicherten Listen aller zugelassenen Pflegedienste in der Region zur Verfügung stellen. Solche Übersichten bekommen Sie auch bei Ihrem Pflegestützpunkt. Die Mitarbeiter wissen außerdem, welche Pflegedienste auf bestimmte Krankheiten spezialisiert sind. Leidet ihr Angehöriger zum Bei-

Gut zu wissen

Ambulante Pflegedienste können neben der Pflege und der hauswirtschaftlichen Versorgung auch Betreuungsleistungen anbieten. Das Pflege-Neuausrichtungsgesetz sieht vor, dass dafür künftig auch die Pflegesachleistung genutzt werden kann. Ziel ist, insbesondere Angehörige von Demenzkranken zu entlasten. Es ist außerdem geplant, dass Demenzkranke in Zukunft höhere Leistungen aus der Pflegeversicherung bekommen (siehe Seite 61 ff.). Mit dem Geld können sie beispielsweise eine stundenweise Betreuung oder die Begleitung bei Spaziergängen buchen.

spiel an chronischen Wunden, sollte der Pflegedienst entsprechend qualifiziertes Personal beschäftigen.

Kommen zwei oder drei Pflegedienste in die engere Auswahl, vereinbaren Sie am besten mit der Pflegeleitung ein **persönliches Beratungsgespräch**. Sie wird Ihnen mögliche Leistungen und die damit verbundenen Kosten beschreiben. Je genauer Sie sagen können, wann und bei welchen Tätigkeiten Sie Hilfe brauchen, desto eher kann die Pflegeleitung einschätzen, wie teuer das wird.

Pflegedienste dürfen nur **bestimmte Leistungen über die Kranken- und Pflegekassen abrechnen.** Die jeweiligen Preise werden von den Anbietern und den Kassen nach einem bestimmten System ausgehandelt. Dieses System unterscheidet sich von Bundesland zu Bundesland. Weit verbreitet ist die Abrechnung über sogenannte Leistungskomplexe: Verschiedene Tätigkeiten werden zu einem Komplex zusammengefasst und mit einem Fixbetrag abgerechnet. Der Leistungskomplex Ganzwaschung enthält neben dem Waschen, Duschen oder Baden des Pflegebedürftigen zum Beispiel auch die Haar- und Nagelpflege, die Rasur sowie die Mund- und Zahnpflege. Sie können die Leistungskomplexe häufig nur als Ganzes wählen, selbst wenn Sie einzelne Leis-

Gut zu wissen

Das Abrechnungssystem soll mit dem Pflege-Neuausrichtungsgesetz flexibler werden. Pflegebedürftige und ihre Angehörigen sollen künftig neben Leistungskomplexen auch eine Abrechnung nach Zeitvolumen wählen können. Dann sollte aber jemand kontrollieren, dass die Pflegekraft tatsächlich für die vereinbarte Zeit anwesend ist und alle vereinbarten Aufgaben erledigt.

tungen nicht benötigen. Überlegen Sie gut, bei welchen Tätigkeiten Sie auf die Hilfe professioneller Pfleger angewiesen sind. Falls Sie nur bei einer Verrichtung aus einem Komplex Unterstützung brauchen, sollten Sie klären, ob Ihnen ein anderes Familienmitglied zur Hand gehen kann. Möglicherweise können Sie auf den Leistungskomplex verzichten und das Geld für andere Hilfeleistungen einsetzen. Die Preise der Pflegedienste werden mit den Pflegekassen verhandelt. Als Kunde haben Sie keinen Einfluss darauf. Allerdings können sich die ausgehandelten Preise zwischen einzelnen Pflegediensten unterscheiden. Daher lohnt ein Vergleich. An erster Stelle sollte aber immer die Qualität der angebotenen Leistung stehen.

In dem Gespräch sollten Sie außerdem klären, welche **Ausbildung die Angestellten** haben. Denn gute Pflege hängt vor allem von der Qualifikation der Pfleger ab. Das Team sollte sich möglichst aus Gesundheits-, Kranken- und Altenpflegern zusammensetzen. Sie haben eine mindestens dreijährige Ausbildung an einer Fachschule absolviert, Pflegehelfer dagegen nur eine einjährige Ausbildung. Damit sich der Pflegebedürftige nicht ständig an neue Personen gewöhnen muss, sollte er innerhalb einer Woche von maximal drei oder vier Pflegekräften versorgt werden. Sprechen Sie mit der Pflegeleitung, ob das möglich ist.

Machen Sie sich während des Sondierungsgesprächs Notizen, damit Sie die verschiedenen Anbieter später vergleichen können. Fühlten Sie sich ernst genommen und gut informiert? Wurden ihre Fragen ausreichend beantwortet? Auch solche Punkte sind wichtig.

Gut zu wissen

Alle Ambulanten Pflegedienste werden vom MDK geprüft und benotet. Die Ergebnisse werden in den Datenbanken der Pflegekassen veröffentlicht. (siehe Seite 107). Die Aussagekraft dieser Pflegenoten ist nach Meinung zahlreicher Experten jedoch gerade für Ambulante Pflegedienste begrenzt. Überlegen Sie besser selbst, ob Sie mit der gebotenen Leistung zufrieden sind. Sprechen Sie bei Mängeln mit der Pflegedienstleitung und scheuen Sie sich nicht, den Pflegedienst zu wechseln, wenn die Leistung nicht stimmt.

Ist die Wahl gefallen, schließt der Pflegebedürftige einen **Vertrag** mit dem Pflegedienst ab. In einer sogenannten Leistungsbeschreibung wird festgehalten, welche Leistungen der Pflegedienst wie häufig erbringt und welche Entgelte abgerechnet werden. Für den Pflegebedürftigen muss klar erkennbar sein, welche Kosten die Kranken- und die Pflegekasse tragen und wie hoch sein Eigenanteil ist. Im Vertrag sollte geregelt sein, wie kurzfristig Ihr Angehöriger einen Einsatz absagen kann, ohne dass der Pflegedienst diesen berechnet. Üblich ist, dass man Einsätze bis zum Vortag kostenlos stornieren kann.

Der Vertrag tritt mit Unterzeichnung in Kraft. Ihr Angehöriger hat jederzeit die Möglichkeit, den Pflegedienst fristlos zu kündigen. Für den Pflegedienst sollte ein Kündigungsfrist von mindestens drei Wochen gelten. Nur so hat Ihr Angehöriger ausreichend Zeit, einen anderen Pflegedienst zu suchen.

Der Pflegedienst muss seine **Tätigkeiten dokumentieren.** Er ist verpflichtet, einen Pflegeplan zu erstellen. Darin werden pflegerische Probleme des Patienten benannt und Maßnahmen des Pflegedienstes beschrieben. In einem Pflegebericht halten die Pfleger Besonderheiten bei der Versorgung fest. Das ist für das Pflegepersonal der nächsten Schicht wichtig. Alle erbrachten Leistungen müssen aufgeschrieben wer-

Gut zu wissen

Ambulante Pflegedienste haben in der Regel sowohl mit den Kranken- als auch mit den Pflegekassen Verträge. Das bedeutet für Patienten, dass die gleiche Pflegefachkraft sowohl die Grund- als auch die Behandlungspflege übernehmen kann. Der Pflegedienst rechnet die Leistungen mit dem jeweiligen Träger ab.

den. Diese Übersicht ist die Grundlage für die Abrechnung. Achten Sie darauf, dass Sie am Ende des Monats eine Kopie erhalten. Nur so können Sie die Abrechnung prüfen.

Was sind Ersatz-, Tages- und Nachtpflege?

Wichtig!

- Ersatzpflege: Geld für einen Vertretungspfleger
- Tages- und Nachtpflege ist eine teilstationäre Versorgung
- Beide Leistungen zahlt die Pflegeversicherung

Pflegende Angehörige können krank werden oder aus anderen Gründen verhindert sein. Der Pflegebedürftige muss sich dann um einen Ersatzpfleger kümmern. Weil ihm dabei in der Regel höhere Kosten entstehen, zahlt die Pflegeversicherung zusätzliches Geld: Die Ersatz- oder Verhinderungspflege. Eine weitere Extra-Leistung der Pflegeversicherung ist die Tages- und Nachtpflege. Der Pflegebedürftige wird dabei stundenweise in einer Pflegeeinrichtung versorgt.

Die Ersatzpflege und die Tages- und Nachtpflege können eine große Entlastung für Pflegende sein. Ist der Angehörige vorübergehend anderweitig versorgt, haben sie die Möglichkeit, sich um dringende Aufgaben zu kümmern oder selbst Kraft zu tanken. Die **Ersatzpflege** kann immer dann in Anspruch genommen werden, wenn die Hauptpflegeperson ausfällt. Dabei ist es egal, ob sie krank ist, in Urlaub fährt oder sich aus anderen Gründen nicht um die Pflege kümmern kann. Die Pflegekasse zahlt für die Ersatzpflege bis zu 1550 Euro im Jahr. Sie wird für maximal 28 Tage gewährt. Sie können die Ersatzpflege am Stück nutzen oder über das Jahr verteilen. Auch eine stundenweise Ersatzpflege ist möglich.

Gut zu wissen

Eine Ersatzpflege von weniger als acht Stunden am Stück wird nicht auf die 28-Tage-Grenze angerechnet. Die stundenweise Ersatzpflege kann also deutlich häufiger genutzt werden. Der Anspruch endet erst, wenn der Höchstbetrag von 1550 Euro ausgeschöpft wurde.

Um den **Ersatzpfleger** müssen Sie sich selbst kümmern. In Frage kommen andere Laienpfleger, etwa Verwandte, Freunde oder Nachbarn, oder professionelle Pflegekräfte eines Pflegedienstes. Die Ersatzpflege kann aber auch in einer stationären Einrichtung erfolgen. Eine Besonderheit gilt, wenn Personen die Ersatzpflege übernehmen, die mit

Gut zu wissen

Zieht ein Pflegebedürftiger vorübergehend in ein Pflegeheim, erhält er zunächst die Leistung Kurzzeitpflege (siehe Seite 38 ff.). Ist dieser Anspruch ausgeschöpft, kann er den stationären Aufenthalt über die Ersatzpflege verlängern.

dem Pflegebedürftigen bis zum zweiten Grad verwandt oder verschwägert sind oder mit ihm zusammen wohnen. In diesem Fall zahlt die Pflegekasse nicht den Höchstbetrag, sondern anteilig Pflegegeld. Entstehen dem Ersatzpfleger allerdings Kosten, etwa für Fahrten, können diese von der Pflegekasse bis zum Höchstbetrag von 1550 Euro übernommen werden, unabhängig von der Pflegestufe. Im Gegensatz zu allen anderen Leistungen der Pflegeversicherung wird die **Ersatzpflege nicht sofort gezahlt:** Der Anspruch besteht erst, wenn der Pflegebedürftige mindestens sechs Monate lang zu Hause versorgt wurde. Dabei werden alle Pflegezeiten angerechnet, auch solche, in denen noch keine Pflegestufe vorlag. Die Ersatzpflege muss bei der Pflegekasse beantragt werden. Wurde sie genehmigt, rechnen professionelle Dienstleister oft direkt mit der Pflegekasse ab. Bei anderen Hilfeleistungen reichen Sie im Anschluss die Rechnung ein.

Gut zu wissen

Verwandte bis zum zweiten Grad sind Eltern, Kinder, Großeltern, Enkelkinder und Geschwister. Verschwägert bis zum zweiten Grad sind Stiefeltern, -kinder, Stiefenkelkinder, Schwiegereltern, -kinder, -enkel, Großeltern des Ehegatten, Stiefgroßeltern und Schwager oder Schwägerin.

Die **Tages- und Nachtpflege** ist eine Ergänzung zur häuslichen Pflege. Der Pflegebedürftige wird überwiegend zu Hause versorgt, verbringt aber tagsüber oder nachts einige Stunden in einer Pflegeeinrichtung. Dort wird er in Gruppen betreut, isst gemeinsam mit anderen und bekommt notwendige Hilfen. Durch die

Tages- und Nachtpflege lässt sich häufig ein Umzug in ein Pflegeheim verhindern oder zumindest hinauszögern.
Es gibt spezielle Häuser zur Tages- und Nachtpflege. Manchmal bieten auch Heime diese Leistungen an. Welche Einrichtungen in Frage kommen, erfahren Sie bei der Pflegekasse des Pflegebedürftigen oder beim Pflegestützpunkt (siehe Seite 30 ff., 34 ff.). Dort erhalten Sie auch eine Kostenübersicht. Die Pflegeeinrichtungen berechnen in der Regel Tagessätze. Für Unterkunft, Verpflegung und teilweise die Investitionskosten muss der Pflegebedürftige selbst aufkommen. Die Kosten für Pflege und Betreuung übernimmt die Pflegekasse bis zu einem monatlichen Höchstsatz. Der beträgt 450 Euro in der Pflegestufe I, 1100 Euro in der Pflegestufe II und 1550 Euro in der Pflegestufe III. Dieser Betrag lässt sich mit den Pflegesachleistungen oder dem Pflegegeld kombinieren. Schließlich muss auch die Pflege zu Hause finanziert werden. Das Gesamtbudget erhöht sich dann auf 150 Prozent: Wer 50 Prozent des monatlichen Höchstbetrages für die Tages- und Nachtpflege in Anspruch nimmt, bekommt zusätzlich 100 Prozent des Pflegegeldes oder der Pflegesachleistungen. Andersherum gerechnet: Schöpft der Pflegebedürftige den Betrag für Tages- und Nachtpflege zu 100 Prozent aus, stehen ihm zusätzlich entweder 50 Prozent des Pflegegeldes oder der Pflegesachleistungen zu. Wie er die Leistungen prozentual aufteilt, bleibt ihm überlassen. Die Tages- und Nachtpflege muss bei der Pflegekasse beantragt werden.
Weitere Infos finden Sie im Buch „Die Pflegeversicherung“ (siehe www.vz-ratgeber.de).

Gut zu wissen

Auch die zusätzlichen Betreuungsleistungen in Höhe von 100 oder 200 Euro im Monat lassen sich für die Tages- und Nachtpflege einsetzen (siehe Seite 58 ff. Pflegeversicherung). Mit diesem Geld kann der Pflegebedürftige entweder den Aufenthalt verlängern, oder er deckt damit Kosten für Unterkunft und Verpflegung.

Welche Hilfsangebote gibt es noch?

Wichtig!

- Mobile Soziale Dienste helfen bei der Alltagsbewältigung
- „Essen auf Rädern“ sorgt für tägliche Mahlzeiten
- Für Demenzkranke gibt es besondere Betreuungsangebote

Mit dem Begriff Mobile Soziale Dienste (MSD) werden verschiedene Dienstleistungen wie „Essen auf Rädern“, Fahr- und Besuchsdienste und Unterstützung im Haushalt zusammengefasst. Sie sind eine wichtige Ergänzung zur ambulanten Pflege. Es gibt viele Vereine und Initiativen, die sich für hilfs- und pflegebedürftige Menschen einsetzen. Die ehrenamtlichen Helfer kommen zum Reden vorbei oder entlasten Angehörige, indem sie stundenweise die Betreuung übernehmen.

MSD werden in der Regel von Wohlfahrtsverbänden und Ambulanten Pflegediensten angeboten. Welche Dienstleistungen gebucht werden können, ist von Anbieter zu Anbieter unterschiedlich. Üblich sind Hilfen im Haushalt wie Einkaufen, Wäsche waschen und Putzen, Fahrdienste zu Ärzten oder Behörden, Begleitung bei Spaziergängen oder Hausbesuche zum Vorlesen oder Reden. Bezahlt wird normalerweise pro Stunde. Die Sätze variieren je nach Tätigkeit, Ort und Anbieter.

Bei der Suche nach **haushaltsnahen Dienstleistungen** – ob von einem MSD oder einem Privatanbieter – lohnt es sich, verschiedene Anbieter zu vergleichen. Bitten Sie um ein kostenloses, unverbindliches Erstgespräch in der Wohnung Ihres Angehörigen, um die anfallenden Arbeiten zu besprechen. Der Dienstleister sollte ein individuelles Angebot erstellen. Fragen Sie, ob bei regelmäßigen Einsätzen möglichst dieselbe Person zum Arbeiten kommt. Ist bei Krankheit oder Urlaub für Ersatz gesorgt? Kann Ihr Angehöriger den Mitarbeiter wechseln, wenn er unzufrieden ist? Für einen Anbieter spricht, wenn ein zentraler Ansprechpartner zu normalen Geschäftszeiten erreichbar ist. Ihr Angehöriger sollte am Ende des Monats eine Rechnung bekommen, in der alle Leistungen aufgeführt sind. Im Vertrag sollten Art, Umfang und Häufigkeit der Dienstleistungen stehen. Achten Sie darauf, dass die Grundlaufzeit maximal zwei Monate beträgt. Anschließend sollte Ihr Angehöriger den Vertrag mit einer Laufzeit von fünf Tagen kündigen können. Eine Checkliste mit Mindestanforderungen an haushaltsnahe Dienstleistungen können Sie unter www.vz-nrw.de/haushaltshilfen herunterladen.

„Essen auf Rädern“ erspart es Ihnen, jeden Tag für Ihren Angehörigen zu kochen. Fragen Sie, ob die Mahlzeiten täglich warm angeliefert werden. Manche Anbieter bringen nur einmal pro Woche Tiefkühlkost nach Hause, die der Kunde selbst zubereiten muss. Dann sind Tiefkühlprodukte aus dem Supermarkt oft günstiger. Achten Sie darauf, dass ein abwechslungsreiches Menü mit viel Gemüse geboten wird. Falls Ihr Angehöriger eine Diät einhalten muss oder auf bestimmte Lebensmittel allergisch reagiert, sollten Sie prüfen, ob das Menü entsprechend angepasst werden kann. Fragen Sie nach, ob er einige Menüs probieren kann. Schließlich muss ihm das Essen schmecken. Können Sie bestimmen, wann das Essen geliefert wird? Kommen die Mahlzeiten am Wochenende und an Feiertagen? Auch das sind wichtige Fragen, die Sie klären sollten. Die Verbraucherzentrale hat eine Checkliste zur Auswahl von Menü-Diensten zusammengestellt – zu finden unter www.vz-nrw.de/essenaufraedern.

Falls Ihr Angehöriger viel Zeit alleine in seiner Wohnung verbringt, sollten Sie ein **Hausnotrufsystem** einrichten. Es besteht aus zwei Elementen: Einem Funksender, den der Nutzer zum Beispiel als Armband ständig bei sich trägt, und einem Notrufgerät, das an die Telefondose angeschlossen wird. Im Notfall drückt der Angehörige am Funksender einen Knopf und die Notrufzentrale ist alarmiert; die Mitarbeiter bekommen automatisch seinen Namen, die Adresse, Informationen über Vorerkrankungen, verordnete Medikamente und notwendige Sofortmaßnahmen angezeigt. Die Rettungszentrale wird zunächst versuchen, Kontakt zum Verunglückten aufzunehmen. Klappt das nicht, wird ein vorher vereinbarter Notfallplan eingeleitet. Möglich ist zum Beispiel, dass ein Angehöriger benachrichtigt wird, der in der Nähe wohnt. Oder es

Wichtig

Die Notrufzentrale muss ständig besetzt sein. Wichtig ist, dass die Helfer und Mitarbeiter ausreichend qualifiziert sind.

wird direkt ein Rettungsdienst alarmiert. Hausnotrufe bieten Wohlfahrtsverbände, Pflegedienste und andere Unternehmen an. Die monatlichen Kosten liegen üblicherweise zwischen 14 und 25 Euro, hinzukommen einmalige Anschlussgebühren. Weitere nützliche Informationen zum Hausnotruf gibt es hier: www.vz-nrw.de/Hausnotrufsysteme-Schneller-Draht-zur-Hilfe.

Um Menschen, die nur ab und zu Hilfe brauchen oder jemanden zum Reden suchen, kümmern sich **Freiwilligeninitiativen, Nachbarschaftsvereine** oder **Seniorenbegleiter**. Die ehrenamtlichen Helfer leisten Gesellschaft, begleiten zu Ämtern oder übernehmen kleine Erledigungen. In der Regel ist diese Hilfe kostenlos, oder es fällt eine kleine Aufwandsentschädigung an. Erkundigen Sie sich bei den kommunalen Seniorenberatungsstellen oder Ihrem Pflegestützpunkt nach Angeboten in der Nähe Ihres Angehörigen. Ansprechpartner sind auch die Freiwilligenagenturen. Eine Übersicht regionaler Agenturen finden Sie auf der Internetseite der Bundesarbeitsgemeinschaft der Freiwilligenagenturen unter www.bagfa.de.

Für **Menschen mit Demenz** bieten die Alzheimer Gesellschaften und verschiedene Wohlfahrtsverbände Betreuungsgruppen an. Die Demenzkranken werden an ein bis zwei Tagen pro Woche für einige Stunden von ehrenamtlichen Mitarbeitern betreut. Ansprechpartner sind die Alzheimer Gesellschaften oder die Pflegestützpunkte. Für die Betreuung von Demenzkranken können die Betreuungsleistungen der Pflegekasse genutzt werden (siehe Seite 54 ff.).

Tipp

Scheuen Sie sich als pflegender Angehöriger nicht, zeitig Hilfsangebote in Anspruch zu nehmen. Sie müssen nicht erst am Ende ihrer Kräfte sein, um Unterstützung zu bekommen. Es ist wichtig, dass Sie von Anfang an regelmäßige Auszeiten einplanen, um Kraft zu tanken. Unternehmen Sie in dieser Zeit etwas, das Ihnen Freude macht. Viele Pflegende vermissen ihre sozialen Kontakte. Dem können Sie durch regelmäßige Auszeiten vorbeugen.

Wer schult und berät Pflegende?

Wichtig!

- Pflegekurse vermitteln pflegerische Handgriffe
- Schulungen werden auch zu Hause angeboten
- Pflegegeldbezieher bekommen regelmäßig Beratung

Pflegen ist eine anspruchsvolle Tätigkeit. Jeder Pflegende weiß, wie er sich selbst anzieht oder wäscht. Einen Pflegebedürftigen anzukleiden, ist aber eine ganz andere Sache. Pflegekurse vermitteln da praktisches Wissen. Sie bieten Pflegenden ferner die Möglichkeit, sich mit Menschen in ähnlichen Lebenssituationen auszutauschen oder Profis um Rat zu fragen. Die Teilnahme an den Kursen ist kostenlos. Wer Pflegegeld bezieht, bekommt außerdem alle drei bis sechs Monate Besuch von professionellen Pflegern. Sie sollen ebenfalls beraten.

Pflegekurse werden von den Pflegekassen in Kooperation mit Wohlfahrtsverbänden, Pflegediensten, Altenpflegeschulen oder Vereinen angeboten. Die Kurse richten sich an Menschen, die bereits pflegen oder sich auf eine häusliche Pflege vorbereiten möchten. Um teilzunehmen ist es also nicht erforderlich, dass Sie bereits einen Pflegebedürftigen mit Pflegestufe versorgen. Unterschieden wird zwischen Gruppenangeboten und Schulungen zu Hause. Es gibt Kurse, in denen allgemeine Pflegekenntnisse vermittelt werden, und solche mit Schwerpunktthemen, etwa zur Versorgung von bettlägerigen Menschen oder psychisch Kranken. Die Kurse werden als Kompaktseminare über wenige Tage oder als mehrwöchige Kurse angeboten. Fragen Sie bei Ihrer Pflegekasse nach Angeboten in Ihrer Nähe.

Tipp

Gruppenkurse haben den Vorteil, dass Menschen zusammenkommen, die sich in einer ähnlichen Situation befinden. Sie hören dort, welche Probleme, Ängste und Sorgen andere Pflegende haben und wie sie damit umgehen. Das kann helfen, mit eigenen Unsicherheiten fertig zu werden. Möglicherweise lernen Sie jemanden kennen, mit dem Sie sich regelmäßig über den Pflegealltag austauschen können. Das kann der Einsamkeit, die viele Pflegende empfinden, vorbeugen.

Auf dem Stundenplan stehen zum einen Pflegetechniken. Die Teilnehmer bekommen zum Beispiel gezeigt, wie sie ihren Angehörigen rückenschonend hochheben können und richtig lagern, damit er keine Druckgeschwüre bekommt. Das Gelernte wird in praktischen Übungen vertieft. Daneben werden Hintergrundinformationen vermittelt, etwa zur richtigen Ernährung, zum Umgang mit Medikamenten oder zu Hilfsmitteln. Außerdem erhalten die Teilnehmer Hinweise zu Entlastungsangeboten und zur Gestaltung des Pflegealltags. Neben den Informationen soll Raum bleiben, um Erfahrungen auszutauschen.

Eine Alternative zu den Gruppenangeboten sind **Schulungen im häuslichen Umfeld** des Pflegebedürftigen. Sie sind vor allem dann sinnvoll, wenn der Pflegebedürftige spezielle Hilfen benötigt oder der Umgang mit Hilfsmitteln geübt werden muss. Außerdem können die professionellen Pfleger Tipps zur Gestaltung des Pflegezimmers geben. Ansprechpartner für solche Schulungen sind wiederum die Pflegekassen.

Pflegebedürftige, die von Ehrenamtlichen oder Angehörigen versorgt werden und ausschließlich Pflegegeld beziehen, müssen regelmäßig einen professionellen Dienst mit einem **Beratungsbesuch** beauftragen. So will die Pflegekasse sicherstellen, dass der Pflegebedürftige ausreichend versorgt wird. Viele Angehörige empfinden diese Pflege-Pflichteinsätze als Kontrollbesuche. Tatsächlich sollen die Pflegeprofis aber vor allem beraten. Sie können Fragen aus der Pflegepraxis beantworten, bei Problemen helfen und Tipps zu weiteren Hilfsmitteln geben. Hat der Pflegebedürftige die Pflegestufe I oder II, muss die Beratung mindestens alle sechs Monate erfolgen, bei Pflegestufe III mindestens alle drei Monate. Wurde neben der Pflegestufe ein erheblicher allgemeiner Betreuungsbedarf festgestellt, kann die Beratung zweimal im Viertel-, beziehungsweise Halbjahr in Anspruch genommen werden. Wer zwar einen erheblichen Betreuungsbedarf aber keine Pflegestufe hat, kann sich einmal pro Halbjahr beraten lassen. Sie dürfen sich den Berater selbst aussuchen. Berechtigt sind Pflegekräfte von zugelassenen Pflegeeinrichtungen, anerkannten Beratungsstellen und Pflegeberater. Die Kosten trägt die Pflegekasse. Der Beratungseinsatz muss gegenüber der Pflegekasse nachgewiesen werden. Bekommt die Pflegekasse diese Bescheinigung nicht, kürzt sie das Pflegegeld oder kann es sogar ganz entziehen. Lassen Sie es nicht darauf ankommen, und nutzen Sie die Chancen der Beratungsbesuche.

Tipp

Es ist sinnvoll, dass immer derselbe Pfleger zum Beratungsbesuch kommt. Er lernt Ihre individuelle Situation kennen und kann besser auf Probleme eingehen.

Wie finde ich ein gutes Pflegeheim?

Wichtig!

- Überlegen Sie, was Ihnen bei einem Heim wichtig ist
- Pflegenoten geben Orientierung
- Besuchen Sie Pflegeheime, reden Sie mit Bewohnern

Die Entscheidung, einen Angehörigen in ein Pflegeheim zu geben, fällt vielen Menschen schwer. Sie haben Schuldgefühle, weil sie sich nicht selbst um die Pflege kümmern können. Häufig muss schnell ein Heim gesucht werden, weil der Angehörige plötzlich so viel Pflege braucht, dass die Versorgung zu Hause nicht mehr möglich ist. Nehmen Sie sich trotzdem Zeit, eine passende Einrichtung zu finden. Ihr Angehöriger kann erst einmal in eine Kurzzeitpflegeeinrichtung ziehen.

Gut zu wissen

Die Begriffe Pflegeheim, Altersheim und Seniorenheim stehen für das Gleiche: eine vollstationäre Versorgung von pflegebedürftigen Menschen. Davon unterscheiden sich Seniorenresidenzen und das Betreute Wohnen. Bei diesen Wohnkonzepten leben die Mieter in eigenen Wohnungen und versorgen sich selbst. Sie können aber Service-Leistungen wie Mahlzeiten, Reinigungsdienste oder professionelle Pflege dazu buchen.

Wichtig ist, dass Sie die **Bedürfnisse ihres Angehörigen** kennen. Denn ob er sich in einem Pflegeheim wohl fühlt, hängt maßgeblich von seinen Vorstellungen und Wünschen ab. Wer immer in der Stadt gelebt hat, der fühlt sich möglicherweise in einem Heim auf der grünen Wiese abgeschoben. Wer dagegen sein Leben lang ins Grüne geschaut hat, den stört vielleicht die Straße vor dem Fenster. Für manche Ältere ist es wichtig, in der Nähe der Familie zu wohnen. Sie sind bereit, in eine andere Stadt zu ziehen. Andere möchten in ihrer gewohnten Nachbarschaft bleiben. Sprechen Sie mit Ihrem Angehörigen darüber, was ihm wichtig ist. Checklisten können dabei helfen, die richtigen Fragen zu stellen. Lassen Sie sich von Ihrem Angehörigen erzählen, wie sein normaler **Tagesablauf** aussieht. Wer morgens lange schläft, für den ist es wichtig, dass ein Heim flexible Wasch-, Anzieh- und Frühstückszeiten hat. Menschen mit Schlafstörungen sind möglicherweise froh, wenn sie nachts einen Aufenthaltsraum nutzen können.

Tipp

Eine umfangreiche Checkliste zur Auswahl eines Pflegeheims bietet die Weisse Liste auf ihrer Internetseite (http://pflegeheim-checkliste.weisse-liste.de/). Sie haben dort die Möglichkeit, aus 200 Fragen eine persönliche Checkliste zusammenzustellen.

Neben den persönlichen Vorlieben muss die **Versorgung Ihres Angehörigen** sichergestellt sein. Leidet er an einer Erkrankung, die eine besondere medizinische Behandlung erfordert? Dann sollte das Heim mit Fachärzten zusammenarbeiten und entsprechend qualifiziertes Personal beschäftigen. Manche Heime haben sich auf die Pflege von Patienten spezialisiert, die ständig beatmet werden müssen. Andere bieten **Wohngruppen für Demenzkranke** an. Solche Wohngruppen werden häufiger: Sie sollen so weit wie möglich eine normale Wohnsituation nachbilden. Die Bewohner teilen sich Aufenthaltsräume und können sich an Alltagstätigkeiten wie dem Kochen beteiligen. Das soll die Selbstständigkeit und Unabhängigkeit fördern.

Wenn Sie eine Vorstellung haben, was ein Heim bieten soll, können Sie sich auf die Suche machen. Die Pflegekassen stellen Listen mit Pflegeheimen zur Verfügung. Nutzen Sie außerdem die Beratungsangebote der Kommunen und der Pflegestützpunkte. Alternativ können Sie im Internet in den Datenbanken der Pflegekassen nach stationären Einrichtungen suchen (siehe Seite 106 ff.). Dort sehen Sie auch die Pflegenoten der Heime.

Tipp

Auf der Internetseite www.heimverzeichnis.de gibt es ebenfalls eine Suchfunktion für Heime. Interessant ist hier vor allem die Bewertung der Lebensqualität. Ehrenamtliche, meist ältere Menschen besuchen die Heime und überprüfen sie anhand eines umfangreichen Kriterienkatalogs. Einrichtungen, die gut abschneiden, werden mit dem „Grünen Haken“ gekennzeichnet.

Tipp

Wohngruppen sind in Pflegeheime integriert. Daneben gibt es eigenständige Pflege-Wohngemeinschaften (WG), in denen mehrere pflegebedürftige Menschen in einer familienähnlichen Atmosphäre zusammenleben. Jeder hat private Wohnbereiche, Wohnzimmer und Küche werden geteilt. Je nach Bedarf werden die Bewohner von Alltagsbegleitern oder Pflegekräften rund um die Uhr betreut. Diese organisieren den Haushalt, geben den Bewohnern aber auch die Möglichkeit, aktiv mitzuarbeiten. Die meisten Pflege-WGs werden von Profis organisiert, etwa von Wohlfahrtsverbänden oder Pflegediensten. Sie unterscheiden sich darin, ob der Träger nur den Grundstein für das Projekt legt oder kontinuierlich eingebunden ist. Die Bundesländer behandeln solche Pflege-WGs unterschiedlich. In manchen fallen sie grundsätzlich unter die Heimaufsicht, andere prüfen, wie stark sich der Träger engagiert. Klären Sie immer, ob für die WG das Heimgesetz des Landes gilt – und damit ein umfänglicher Bewohnerschutz. Ab 2013 soll es für WGs zusätzlich Gelder aus der Pflegeversicherung geben.

Haben Sie zwei oder drei Pflegeheime ausgewählt, sollten Sie mit der Heimleitung ein **persönliches Treffen** vereinbaren. Bei diesem Termin können Sie sich über den Tagesablauf, über die Pflege oder besondere Therapieangebote erkundigen. Auch hier gilt: Je besser Sie vorbereitet sind, desto präziser können Sie fragen – und desto eher erhalten Sie befriedigende Antworten. Bitten Sie darum, sich die Einrichtung anzuschauen. Dabei sollten Sie sich auch den in Frage kommenden Wohnbereich ansehen können. Welchen Eindruck machen die Aufenthaltsbereiche? Wirken die Räume hell und freundlich? Liegen Pflegeutensilien in den Fluren herum? Wie geht das Personal auf Sie zu? Wie wirken die Bewohner? Falls Sie niemanden sehen, sollten Sie nachfragen. Möglicherweise nehmen gerade alle an einem Gemeinschaftsprogramm teil. Sitzen aber alle Bewohner alleine auf Ihren Zimmern oder ohne Ansprache im Gemeinschaftsraum vor dem laufenden Fernseher, spricht das nicht für dieses Heim. Machen Sie sich während des Besuchs Notizen, damit Sie die verschiedenen Einrichtungen später vergleichen können.

Bei der Entscheidung für oder gegen ein Heim spielen die **Kosten** eine wichtige Rolle. Ein Heimplatz kostet im Schnitt zwischen 2500 und 3500 Euro im Monat, bei einer höheren Pflegestufe sogar noch mehr. Die Pflegeversicherung trägt nur die Kosten für Pflege und Betreuung bis zu einem Höchstsatz, der von der Pflegestufe abhängt (siehe Seite 58 ff.). Für Unterkunft und Verpflegung muss der Pflegebedürftige selbst aufkommen. Zusätzlich können ihm Investitionskosten und je nach Bundesland eine „Ausbildungsumlage" in Rechnung gestellt werden. Die Heime sind verpflichtet, die Kosten für Pflege, Unterkunft und Verpflegung getrennt auszuweisen. So sehen Sie, wie hoch der Eigenanteil für den Pflegebedürftigen ist.

Tipp

Bezieht Ihr Angehöriger bisher Pflegegeld oder Pflegesachleistungen, können Sie mit seiner Pflegekasse sprechen, ob er schon während des Probewohnens Leistungen für stationäre Pflege bekommt. Eine andere Möglichkeit ist, die Leistungen für Kurzzeitpflege oder Verhinderungspflege in Anspruch zu nehmen und davon einen Teil der Kosten zu decken.

Manche Heime bieten die Möglichkeit, **Probe zu wohnen.** Der Pflegebedürftige schließt einen vorläufigen Vertrag mit dem Heim und zieht für einen begrenzten Zeitraum ein. So kann er sich ein Bild von der Einrichtung machen. Stellt er nach zwei oder drei Wochen fest, dass er dort nicht wohnen will, endet der Vertrag. Fühlt er sich aber wohl, wird der vorläufige Vertrag in einen regulären umgewandelt.

Gut zu wissen

Seit dem Jahr 2011 überprüft der Medizinische Dienst der Krankenkassen (MDK) einmal jährlich alle Pflegeheime und vergibt Noten. Die Qualitätsberichte müssen im Internet veröffentlicht werden. Jede stationäre Einrichtung bekommt eine Gesamtnote, die zwischen 1 „sehr gut“ und 5 „mangelhaft“ liegt. Außerdem gibt es für die vier Bereiche „Pflege und medizinische Versorgung“, „Umgang mit demenzkranken Bewohnern“, „Soziale Betreuung und Alltagsgestaltung“ und „Wohnen, Verpflegung, Hauswirtschaft und Pflege“ Teilnoten. Basis der Noten sind 82 Einzelbewertungen. Auf „Pflege“ entfallen zum Beispiel 35 Kriterien, auf „Soziale Betreuung“ 10. Aus den Einzelkriterien errechnet sich die Teilnote. Der Mittelwert der vier Teilnoten ergibt die Endnote. Dieses Bewertungsverfahren steht in der öffentlichen Kritik. Denn die Kriterien sind nicht gewichtet. Die Frage, ob ein Pflegebedürftiger genug zu trinken bekommt, zählt für die Endnote genauso viel wie die, ob er immer vom gleichen Pfleger betreut wird. Das Erstere ist aber viel wichtiger. Deshalb reicht es nicht aus, sich an den Teil- oder Endnoten zu orientieren. Schauen Sie sich immer die Einzelkriterien an und achten Sie besonders auf die Noten, die den Pflegezustand der Bewohner betreffen. Jedes Ergebnis, das schlechter als 1,0 ist, deutet darauf hin, dass die MDK-Prüfer Pflegefehler festgestellt haben. (Weitere Infos zu den Qualitätsberichten finden Sie unter www.vz-nrw.de/pflegeheimnoten.)

Welche Rechte haben Heimbewohner?

§

Wichtig!

- Betreiber müssen schriftlich über Leistungen informieren
- Abweichungen sind im Vertrag zu kennzeichnen
- Mängel rechtfertigen eine vorzeitige Kündigung

In ein Pflegeheim zu ziehen, ist etwas anderes als eine Wohnung zu mieten. Schließlich benötigen die Bewohner nicht nur ein Zimmer, sondern auch Pflege und Betreuung. Sie sind stärker von dem Betreiber abhängig. Deshalb genießen sie besondere Rechte. Diese sind im Wohn- und Betreuungsvertragsgesetz (WBVG) geregelt. Es lohnt sich, die wichtigsten Regelungen zu kennen.

Gut zu wissen

Befindet sich der Bewohner vorübergehend nicht in der Einrichtung, weil er zum Beispiel im Krankenhaus behandelt wird, muss der Heimbetreiber das Entgelt für Pflegeleistungen, Unterkunft und Verpflegung ab dem vierten Tag um die ersparten Aufwendungen kürzen.

§

Damit das WBVG greift, ist es unerheblich, ob Ihr Angehöriger neben dem Wohnraum auch Pflege- und Betreuungsleistungen bucht oder ob die Einrichtungen diese Leistungen nur vorhält. Das Gesetz gilt also nicht nur für klassische Pflegeheime, sondern beispielsweise auch für Seniorenresidenzen. Das Gesetz räumt dem Pflegebedürftigen **bereits vor Vertragsabschluss besondere Rechte** ein. Der Pflegeheimbetreiber muss ihn schriftlich und in leicht verständlicher Sprache über seine Leistungen informieren, zum Beispiel über die Größe des Wohnraums, die Häufigkeit der Mahlzeiten, Art und Umfang der Pflege und die Höhe der Entgelte. Weicht der Heimbetreiber später im Vertrag von diesen Informationen ab, muss er das durch entsprechende Verweise kenntlich machen. Sie sollten sich daher nicht nur die Vorab-Informationen, sondern auch den Vertrag in Ruhe durchlesen.

Das Gesetz schreibt vor, dass der **Vertrag** als Schriftstück vorliegt. Eine elektronische Fassung genügt nicht. Vertragspartner sind der Unternehmer und der künftige Bewohner. Kann Ihr Angehöriger nicht mehr selbst unterschreiben, muss sein Bevollmächtigter oder Betreuer unterzeichnen. Beide Vertragspartner erhalten je ein unterschriebe-

Gut zu wissen

Heimbetreiber dürfen keine Kautionen von Menschen verlangen, die Leistungen der Pflegeversicherung oder der Sozialhilfe bekommen. Bei allen anderen Bewohnern darf die Kaution ein zweifaches Monatsentgelt nicht überschreiten.

Tipp

Als Bevollmächtigter oder Betreuer sollten Sie darauf achten, den Vertrag mit dem Zusatz „in Vertretung“ zu unterzeichnen. Andernfalls schließen Sie selbst den Vertrag mit dem Betreiber. Sie sind dann gegenüber dem Unternehmer zur Zahlung des Entgelts verpflichtet.

nes Exemplar. Der Vertrag gilt in der Regel unbefristet. Während einer **Probezeit** von zwei Wochen kann der Bewohner ihn jedoch jederzeit fristlos kündigen. Die Probezeit beginnt mit dem Einzugstag, wenn ein Vertragsexemplar ausgehändigt wurde. Andernfalls erst mit dem Tag, an dem der Bewohner den Vertrag erhält. Nach der Probezeit kann er den Vertrag ordentlich kündigen. Soll das Vertragsverhältnis zum Ende des Monats enden, muss das Kündigungsschreiben bis zum dritten Werktag des Monats beim Pflegeheimbetreiber eingehen. Eine Ausnahme gilt, wenn der Pflegeheimbetreiber das Entgelt erhöht. Dann kann der Bewohner zu dem Tag kündigen, an dem die Erhöhung in Kraft tritt.

§

Ein **sofortiges Kündigungsrecht** besteht dann, wenn der Heimbetreiber seine Vertragspflichten erheblich verletzt und es dem Bewohner nicht zumutbar ist, bis zum Ablauf der Kündigungsfrist in der Einrichtung zu bleiben. Das ist beispielsweise der Fall, wenn schwere Pflegefehler auftreten. Der Vertrag endet, wenn der Bewohner verstirbt. Wurden im Vertrag Fristen für die Räumung des Zimmers und zur Abholung der persönlichen Gegenstände vereinbart, gelten diese Regelungen über den Tod hinaus.

Bei Pflegemängeln, fehlenden Mahlzeiten oder einer ungenügenden Reinigung der Räume kann Ihr Angehöriger das Entgelt wegen **Nicht- oder Schlechtleistung** kürzen. Bei Schäden am Wohnraum muss er den Betreiber allerdings vorher über die Mängel informieren und ihm die Möglichkeit zur Abhilfe geben. Ob und in welcher Höhe eine Kürzung angemessen ist, sollten Sie mit der Pflegekasse Ihres Angehörigen und eventuell einem Anwalt besprechen. Hat die Pflegekasse bereits wegen des gleichen Mangels das Entgelt gekürzt, ist keine weitere Kürzung möglich. Unter Umständen stehen Ihrem Angehörigen auch Schadenersatz und Schmerzensgeld zu. Liegen schwerwiegende Mängel vor und werden diese nicht kurzfristig behoben, ist die Pflegekasse verpflichtet, ihm auf Antrag eine andere geeignete Pflegeeinrichtung zu vermitteln.

Tipp

Die Verbraucherzentralen haben eine bundesweite Rufnummer eingerichtet, über die sich Bürger zum WBVG beraten lassen können. Die Hotline ist (nur noch bis März 2013!) montags bis mittwochs in der Zeit von 11 bis 14 Uhr unter der Nummer 01803/66 33 77 erreichbar (9 Cent/ Min. aus dem deutschen Festnetz, mobil maximal 42 Cent/min). Die Broschüre „Vertrag im Blick" informiert ausführlich über das WBVG. Sie kann im Internet heruntergeladen werden unter www.vzb.de/heimvertrag.

Zum Nachschlagen…

Register

Adressen

Pflegekassen

Der Spitzenverband Bund Kranken- und Pflegekassen gibt für seine Versicherten Informationsmaterialien zum Thema Pflege heraus. Außerdem können sich Pflegebedürftige und ihre Angehörigen hier über Ansprechpartner bei den jeweiligen Kassen in Wohnortnähe informieren. Wer gegen eine Entscheidung der Pflegekasse Widerspruch einlegen will, muss diesen an die örtliche Niederlassung richten.
Bei den Kassen „vor Ort" gibt es auch Übersichten über lokale und regionale Anbieter von Pflegedienstleistungen.

AOK-Bundesverband
Telefon: 0 30/3 46 46-0
www.aok-bv.de

BKK-Bundesverband
Telefon: 02 01/1-79-01
www.bkk.de

Spitzenverband der landwirtschaftlichen Krankenkassen
Telefon: 05 61/9359-0
www.lsv.de

Deutsche Rentenversicherung Knappschaft-Bahn-See
Telefon: 02 34/3 04-0
www.kbs.de

IKK Bundesverband
Telefon: 0 22 04/84-45 51
www.Ikk.de

Verband der Ersatzkassen e.V. (vdek)
Telefon: 0 30/2 69 31-0
www.vdek.com

Ministerien und andere Bundesbehörden

Das Bundesgesundheitsministerium und das Bundesfamilienministerium geben kostenlose Broschüren zum Thema „Pflege" heraus. Viel Wissenswertes finden Sie auch auf den Internetseiten unter www.bmg.bund.de.

Bundesministerium für Gesundheit
Bürgertelefon zur Pflegeversicherung: 0 30/3 40 60 66 02
www.bmg.bund.de

Bundesministerium für Arbeit und Soziales
Bürgertelefon für behinderte Menschen:
0 180 5/67 67 15
www.bmas.bund.de

Wohlfahrtsverbände

Die Wohlfahrtsverbände bieten ambulante und stationäre Alten- und Krankenpflege an. Hier gibt es auch Adressen von verbandsangehörigen Pflegedienstanbietern in Ihrer Nähe. Einige Verbände geben auch Informationsmaterialien heraus und beraten.

Arbeiterwohlfahrt Bundesverband e.V.
Telefon: 0 30/2 43 09-0
www.awo.de

Bundesgemeinschaft der freien Wohlfahrtspflege e.V.
Telefon: 0 30/2 40 89-0
www.bagfw.de

Deutscher Caritasverband
Telefon: 07 61/2 00-0
www.caritas.de

Der Paritätische Wohlfahrtsverband Gesamtverband e.V.
Telefon: 0 30/2 46 36-0
www.der-paritaetische.de

Deutsches Rotes Kreuz
Generalsekretariat
Telefon: 0 30/8 54 04-0
www.drk.de

Diakonisches Werk EKD e.V.
Telefon: 07 11/21 59-0
www.diakonie.de

Zentralwohlfahrtsstelle der Juden in Deutschland e.V.
Telefon: 0 69/9 44 37-10
www.zwst.org

Private Anbieterverbände

Anbieter von Pflegedienstleistungen haben sich zum Teil in privaten Anbieterverbänden zusammengeschlossen. Hier bekommen Interessierte Adressen von Mitgliedern in Wohnortnähe.

Arbeitgeber –und BerufsVerband privater Pfleger (ABVP) e.V.
Telefon: 05 11/51 51 11-0
www.abvp.de

Bundesverband Ambulante Dienste und stationäre Einrichtungen (bad) e.V.
Telefon: 02 01/35 40 01
www.bad-ev.de

Bundesverband privater Anbieter sozialer Dienste (bpa) e.V.
Telefon: 0 30/30 87 88-60
www.bpa.de

Verband Deutscher Alten- und Behindertenhilfe e.V. (VDAB)
Telefon: 0 20 54/9 57 80
www.vdab.de

Interessenverbände

Die folgenden Interessenverbände bieten für ihre jeweilige Zielgruppe oder für ihre Mitglieder zum Teil umfangreiche Beratung und Informationen rund um Fragen zur Pflege an.

Bundesgemeinschaft der Senioren-Organisationen e.V. (BAGSO)
Telefon: 02 28/24 99 93-0
www.bagso.de

BIVA
Bundesinteressenvertretung der Altenheim-bewohner
Telefon: 0 22 54/70 45
www.biva.de

Bundesarbeitsgemeinschaft SELBSTHILFE Von Menschen mit Behinderung und chronischen Erkrankungen e.V. (BAG Selbsthilfe)
Telefon: 02 11/3 10 06-0
www.bag-selbsthilfe.de

Bundesverband für Körper- und Mehrfachbehinderte
Telefon:0211/640 040
www.bvkm.de

Bundesvereinigung Lebenshilfe für Menschen mit geistiger Behinderung e.V.
Telefon: 0 64 21/4 91-0
www.lebenshilfe.de

Sozialverband Deutschland e.V.
Telefon: 0 30/72 62 22-0
www.sovd.de

Sozialverband VdK Deutschland e.V.
Telefon: 02 28/8 20 93-0
www.vdk.de

Fachinformationen

Wer sich intensiver mit der Pflegeversicherung auseinandersetzen will, bekommt hier Fachliteratur und Hinweise.

Deutsches Zentrum für Alltagsfragen e.V. (DZA)
Telefon: 0 3 0/2 60 74 00
www.dza.de

Kuratorium Deutsche Altershilfe e.V.
Telefon: 02 21/9 31 84 70
www.kda.de

Wohnraumanpassung

Beratung zur Wohnraumanpassung kann hilfreich sein, um die selbstständige Lebensführung zu unterstützen, die Pflege zu erleichtern oder den Umzug in ein Pflegeheim zu vermeiden. Eine Adressliste mit zirka 200 Adressen von Wohnberatungsstellen bietet die

Bundesarbeitsgemeinschaft Wohnungsanpassung e.V.
Verein zur Förderung des selbständigen Wohnens älterer und behinderter Menschen
Telefon: 0 30/47 53 17 19
versand@wohnungsanpassung.de
www.bag-wohnungsanpassung.de

Weitere Adressen

Bundesministerium für Familie, Senioren, Frauen und Jugend
Telefon: 0180/19 07 05-0
www.bmfsfj.de

Bundesamt für Familie und zivilgesellschaftliche Aufgaben
Telefon: 02 21/36 73-0
www.bafza.de

Deutsche Alzheimer Gesellschaft
Selbsthilfe Demenz
Telefon: 0 30/25 93 79 50
Alzheimer-Telefon: 0 180 3/17 10 17 oder
0 30/2 59 37 95-14
www.deutsche-alzheimer.de

Deutscher Blinden- und Sehbehindertenverband (DBSV)
Telefon: 0 30/28 53 87-0
www.dbsv.org/

Deutsche Multiple Sklerose Gesellschaft (DMSG), Bundesverband
Telefon: 05 11/9 68 34-0
www.dmsg.de

Bundesarbeitsgemeinschaft für Rehabilitation
Telefon: 0 69/60 50 18-0
www.bar-frankfurt.de

Unabhängige Patientenberatung Deutschland (UPD)
Bundesgeschäftsstelle
Beratungstelefon: 0 800/0 11 77 22
www.unabhaengige-patientenberatung.de/

Landesstelle Pflegende Angehörige Nordrhein-Westfalen
Telefon: 0800/2 20 44 00
www.lpfa-nrw.de/

MDK – Medizinischer Dienst der Krankenversicherung
Der MDK ist föderal aufgebaut.
Auf der Internetseite finden Versicherte interessante Broschüren
www.mdk.de

Verfügungsdatenbank
DVZ – Deutsche Verfügungszentrale
Telefon: 03 51/81 17 44-4
www.verfuegungsdatenbank.de

Bundesnotarkammer
Zentrales Vorsorgeregister
Telefon: 0800/35 50 50-0
www.vorsorgeregister.de

Bundesarbeitsgemeinschaft der Freiwilligen-agenturen (bagfa)
Telefon: 0 30/20 45 33-66
www.bagfa.de

Pflege in Not
Beratungs- und Beschwerdestelle bei Konflikt und Gewalt in der Pflege älterer Menschen.
Telefon: 0 30/69 59 89 89
www.pflege-in-not-berlin.de/

Handeln statt Mißhandeln – Bonner Initiative gegen Gewalt im Alter
Telefon: 02 28/63 63 22
Notruf-Telefon: 02 28/69 68 68
www.hsm-bonn.de

Pflege e.V.
Telefon: 0 30/21 91 57 20
www.stiftung-pflege.com

Adressen

Verbraucherzentrale Baden-Württemberg e. V.
Paulinenstraße 47
70178 Stuttgart
Telefon: 0 18 05/50 59 99 (0,14 €/min., Mobilfunkpreis maximal 0,42 €/min.)
Fax: 07 11/66 91-50
www.vz-bawue.de

Verbraucherzentrale Bayern e. V.
Mozartstraße 9
80336 München
Telefon: 0 89/5 39 87-0
Fax: 0 89/53 75 53
www.verbraucherzentrale-bayern.de

Verbraucherzentrale Berlin e. V.
Hardenbergplatz 2
10623 Berlin
Telefon: 0 30/2 14 85-0
Fax: 0 30/2 11 72 01
www.vz-berlin.de

Verbraucherzentrale Brandenburg e. V.
Templiner Straße 21
14473 Potsdam
Telefon: 03 31/2 98 71-0
Fax: 03 31/2 98 71-77
www.vzb.de

Verbraucherzentrale des Landes Bremen e. V.
Altenweg 4
28195 Bremen
Telefon: 04 21/1 60 77-7
Fax: 04 21/1 60 77 80
www.verbraucherzentrale-bremen.de

Verbraucherzentrale Hamburg e. V.
Kirchenallee 22
20099 Hamburg
Telefon: 0 40/2 48 32-0
Fax: 0 40/2 48 32-290
www.vzhh.de

Verbraucherzentrale Hessen e. V.
Große Friedberger Straße 13–17
60313 Frankfurt/Main
Telefon: 0 18 05/97 20 10 (0,14 €/min., Mobilfunkpreis maximal 0,42 €/min.)
Fax: 0 69/97 20 10-40
www.verbraucherzentrale-hessen.de

Verbraucherzentrale in Mecklenburg-Vorpommern e. V.
Strandstraße 98
18055 Rostock
Telefon: 03 81/2 08 70 50
Fax: 03 81/2 08 70 30
www.nvzmv.de

Verbraucherzentrale Niedersachsen e. V.
Herrenstraße 14
30159 Hannover
Telefon: 05 11/ 9 11 96-0
Fax: 05 11/9 11 96-10
www.verbraucherzentrale-niedersachsen.de

Verbraucherzentrale Nordrhein-Westfalen e. V.
Mintropstraße 27
40215 Düsseldorf
Telefon: 02 11/38 09-0
Fax: 02 11/38 09-216
www.vz-nrw.de

Verbraucherzentrale Rheinland-Pfalz e. V.
Seppel-Glückert-Passage 10
55116 Mainz
Telefon: 0 61 31/28 48-0
Fax: 0 61 31/28 48-66
www.verbraucherzentrale-rlp.de

Verbraucherzentrale des Saarlandes e. V.
Trierer Straße 22
66111 Saarbrücken
Telefon: 06 81/5 00 89-0
Fax: 06 81/5 00 89-22
www.vz-saar.de

Verbraucherzentrale Sachsen e. V.
Katharinenstraße 17
04109 Leipzig
Telefon: 03 41/69 62 90
Fax: 03 41/6 89 28 26
www.verbraucherzentrale-sachsen.de

Verbraucherzentrale Sachsen-Anhalt e. V.
Steinbockgasse 1
06108 Halle
Telefon: 03 45/2 98 03-29
Fax: 03 45/2 98 03-26
www.vzsa.de

Verbraucherzentrale Schleswig-Holstein e. V.
Andreas-Gayk-Straße 15
24103 Kiel
Telefon: 04 31/5 90 99-0
Fax: 04 31/5 90 99-77
www.verbraucherzentrale-sh.de

Verbraucherzentrale Thüringen e. V.
Eugen-Richter-Straße 45
99085 Erfurt
Telefon: 03 61/5 55 14-0
Fax: 03 61/5 55 14-40
www.vzth.de

Verbraucherzentrale Bundesverband e. V.
Markgrafenstraße 66
10969 Berlin
Telefon: 0 30/2 58 00-0
Fax: 0 30/2 58 00-518
www.vzbv.de

Impressum

Herausgeber
Verbraucherzentrale Nordrhein-Westfalen e. V.
Mintropstraße 27
40215 Düsseldorf
Telefon: 02 11 38 09-555
Telefax: 02 11 38 09-235
E-Mail: ratgeber@vz-nrw.de
www.vz-nrw.de

Mitherausgeber
Verbraucherzentrale Baden-Württemberg e. V.
Verbraucherzentrale Hamburg e. V.
Verbraucherzentrale Bundesverband e. V.
(Adressen siehe Seite 142 f.)

Text:	Carina Frey
Fachliche Mitwirkung:	Heike Nordmann
Lektorat:	Heike Plank
Koordination:	Frank Wolsiffer
Layout und Produktion:	Ute Lübbeke, Köln www. LNT-design.de
Umschlaggestaltung:	Ute Lübbeke, Köln www.LNT-design.de
Korrektorat:	Dr. Brigitte Schöning
Druck:	Stürtz GmbH, Würzburg Gedruckt auf 100% Recyclingpapier

Redaktionsschluss: August 2012